essentials

essentials liefern aktuelles Wissen in konzentrierter Form. Die Essenz dessen, worauf es als „State-of-the-Art" in der gegenwärtigen Fachdiskussion oder in der Praxis ankommt. *essentials* informieren schnell, unkompliziert und verständlich

- als Einführung in ein aktuelles Thema aus Ihrem Fachgebiet
- als Einstieg in ein für Sie noch unbekanntes Themenfeld
- als Einblick, um zum Thema mitreden zu können

Die Bücher in elektronischer und gedruckter Form bringen das Expertenwissen von Springer-Fachautoren kompakt zur Darstellung. Sie sind besonders für die Nutzung als eBook auf Tablet-PCs, eBook-Readern und Smartphones geeignet. *essentials:* Wissensbausteine aus den Wirtschafts-, Sozial- und Geisteswissenschaften, aus Technik und Naturwissenschaften sowie aus Medizin, Psychologie und Gesundheitsberufen. Von renommierten Autoren aller Springer-Verlagsmarken.

Weitere Bände in der Reihe http://www.springer.com/series/13088

Klaus P. Stulle

Goldene Regeln für das Talent Management

Worauf Unternehmen achten sollten, um erfolgskritische Positionen zu besetzen

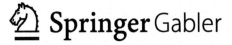

Klaus P. Stulle
Hochschule Fresenius
Köln, Deutschland

ISSN 2197-6708   ISSN 2197-6716   (electronic)
essentials
ISBN 978-3-658-20914-8   ISBN 978-3-658-20915-5   (eBook)
https://doi.org/10.1007/978-3-658-20915-5

Die Deutsche Nationalbibliothek verzeichnet diese Publikation in der Deutschen Nationalbiblio-
grafie; detaillierte bibliografische Daten sind im Internet über http://dnb.d-nb.de abrufbar.

Gedruckt auf säurefreiem und chlorfrei gebleichtem Papier

Springer Gabler ist ein Imprint der eingetragenen Gesellschaft Springer Fachmedien Wiesbaden
GmbH und ist Teil von Springer Nature
Die Anschrift der Gesellschaft ist: Abraham-Lincoln-Str. 46, 65189 Wiesbaden, Germany

Was Sie in diesem *essential* finden können

- Ein differenziertes Modell zum Thema „Talent Management"
- Ein qualitatives Instrument zur Ermittlung des Talent Management Reifegrades in Ihrem Unternehmen
- Zehn „Goldene Regeln", die Sie bei der Einführung bzw. Weiterentwicklung Ihres Talent Managements beachten sollten
- Eine Beschreibung des Status-Quo beim Talent Management in ausgewählten Großunternehmen samt Ausblick auf die kommende Entwicklung mit besonderer Berücksichtigung des elektronischen Talent Managements (Stichworte „Cloud- bzw. SaaS-Lösungen")

Vorwort

Alle reden mittlerweile von „Talent Management" – doch regelmäßig aneinander vorbei. Daher soll dieses Buch einen Beitrag zu einer gemeinschaftlich getragenen Sprachregelung leisten. Diese Voraussetzung ermöglicht dann ein tiefer gehendes Verständnis für ein Thema, dessen Bedeutsamkeit noch lange nicht im vollen Umfang bekannt geworden ist. Das Buch strebt dabei den Brückenschlag von der Wissenschaft zur Praxis an. Zielgruppe sind in erster Linie Personalverantwortliche in Unternehmen, die als Personalleiter, HR-Business-Partner oder auch Personalentwickler für das Talent Management in ihrem jeweiligen Unternehmen Verantwortung tragen. Aber auch Führungskräften in Linienfunktionen bis hin zu Geschäftsführern und Vorständen soll mit diesem Buch konkrete Hilfestellung für ihr praktisches Tun angeboten werden. Darüber hinaus mag sich mancher Berater daran erfreuen, wenn er hiermit für den Diskurs mit seinem Kunden „handfeste" Handlungsempfehlungen geliefert bekommt.

Das Buch setzt sich im Kern zusammen aus zwei vorausgegangenen Aktivitäten, die getrennt voneinander auch schon auf Vorträgen und in Schriftform vorgestellt wurden – dieser Text stellt dann die überarbeitete, ergänzte und aktualisierte Zusammenfassung dar. Nach einer Arbeitsdefinition entlang eines Talent Management Modells wird zum einen der aktuelle Status-Quo rund um den „Talent Profiler" beschrieben. Dieses systematische Bewertungsinstrument ermöglicht eine faktenbasierte Bewertung, wie hoch dann der jeweilige Reifegrad in Ihrem Unternehmen ausgeprägt ist. Im Anschluss daran werden die überarbeiteten „Goldenen Regeln" vorgestellt, die bei der Einführung eines wirksamen Talent Managements von großem Nutzen sein können. Eine aktuelle und bislang unveröffentlichte Praxisstudie zum Zustand des elektronischen Talent Managements rundet die Darstellung ab.

Drei unvermeidliche und daher bewusst kurz gehaltene Hinweise dürfen an dieser Stelle nicht fehlen:

Wenn in diesem Buch die männliche Form verwendet wird, geschieht dies allein aus Gründen der Lesbarkeit und schließt ausdrücklich das weibliche Geschlecht mit ein.

Darüber hinaus danke ich sehr herzlich allen, die bei der Entstehung dieses Buches, aber auch der dahinter liegenden Studien beteiligt waren!

Zuletzt lade ich die aufgeschlossenen Leser ein, die „one-way-Kommunikation" eines Buches aufzubrechen und in Kontakt zu treten an stulle@hs-fresenius.de, jede Form der Rückmeldung – Lob und Tadel eingeschlossen – ist willkommen!

In diesem Sinne viel Freude und Erkenntnis bei der Lektüre.

Düsseldorf   Klaus Stulle
im Herbst 2017

Inhaltsverzeichnis

Über den Autor

Dr. Klaus P. Stulle, geboren 1967, studierte Psychologie, Philosophie und Betriebswirtschaftslehre an Universitäten in Aix-en-Provence, Wuppertal und Köln. Seine Praxiserfahrung basiert unter anderem auf über elf Jahren Konzerntätigkeit bei der Bayer AG mit Stabs- und Leitungsfunktionen in der operativen und strategischen Personalentwicklung. 2008 wurde er von der Hochschule Fresenius in Köln auf eine Professur im Fachbereich „Wirtschaftspsychologie" berufen. Er verfügt über mehrjährige Zusatzausbildungen zum systemischen Coach/Organisationsberater sowie diverse Zertifizierungen für Persönlichkeitsfragebögen. Seit 2012 unterstützt er seine Kunden im Rahmen der Unternehmensberatung „Stulle & Thiel" (www.stulleundthiel.de) in strategischen und operativen Personalthemen.

Einleitung

„Talent Management!" – kaum eine Vokabel wird heutzutage im HR-Jargon häufiger verwendet. Auch im Management-Sprachgebrauch ist der Begriff schon an vielen Stellen angekommen, moderne Führungskräfte (und nicht nur die Personalabteilung!) sollen die Rollen von „Talent Masters" einnehmen (Conaty und Charan 2010). Doch was ist eigentlich damit gemeint? Leider wurde in den letzten Jahren eine tragfähige Einigung für diesen schillernden Trendbegriff grundlegend versäumt. So besteht mehr denn je die Gefahr, dass beim Thema „Talent Management" herzlich aneinander vorbei geredet wird[1]. Dies lässt sich auch anhand von Zahlen belegen: Eine zurückliegende Studie zu diesem Thema (Stulle et al. 2013) hatte aufgezeigt, dass die Hälfte der befragten Personalexperten zu einer holistischen Verwendung des Begriffes tendiert. Darin bildet Talent Management den gesamten HR Zyklus ab, dem auch die Gewinnung externer Talente im Sinne des Employer Brandings oder auch die Zielvereinbarungssystematik, das sog. „Performance Management" eingeschlossen sind. Etwa die andere Hälfte spricht sich hingegen für eine eher eng gefasste Verwendung dieses HR-Konzepts aus und konzentriert sich dabei auf die Erkennung, Verwaltung und Entwicklung interner Talente, den sog. „High Potentials"[2], Steinweg (2009, S. 1) spricht in diesem Zusammenhang von „konventionellem Talent Management".

---

[1]Noch nicht einmal die Schreibweise kann als vereinheitlicht gelten, weil auch „Talentmanagement" oder „Talent-Management" ebenso Anspruch auch Richtigkeit – und Wichtigkeit – erheben.

[2]Dies wird auch in der zurückliegenden Buchliteratur zum Thema deutlich: Enaux und Henrich (2010) legen ein eher engeres Verständnis zugrunde, im Sammelband von Jäger und Lukasczyk (2009) geht das Talent-Management-Konzept deutlich stärker in die Breite, auch Steinweg (2009) beschreibt ein umfassenderes Modell, das auch den Aspekt der Unternehmenskultur integriert.

© Springer Fachmedien Wiesbaden GmbH, ein Teil von Springer Nature 2018
K. P. Stulle, *Goldene Regeln für das Talent Management,* essentials,
https://doi.org/10.1007/978-3-658-20915-5_1

Um beide – durchaus zuweilen überlappenden – Lager voneinander zu trennen, bietet sich eine Metapher an: Die erstgenannte Position versteht den Begriff des „Talent Managements" als *„**Breiten**sport"* im Sinne von „Jeder Mitarbeiter hat Talent(-e)/Begabungen, die es zu fördern gilt!". Hingegen läuft die zweite Haltung eher auf eine Art *„**Spitzen**sport"* hinaus, bei dem es um die Erkennung der wenigen besonderen Talente im Unternehmen geht, die es gezielt zu fördern gilt.

Selbstverständlich gibt es für beide Sichtweisen gute Gründe und eine Berechtigung ihrer Notwendigkeit. Doch für ein ganzes Buch zu diesem Thema ist eine weitgehende Klärung entlang eines Modells unverzichtbar. Dabei soll von einem ganzheitlichen „Talent Management"-Begriff ausgegangen werden, der in folgendem Modell (vgl. Abb. 1.1) visualisiert wird (vgl. Stulle et al. 2014, 2015, 2017):

Ausgangspunkt des Talent Management-Modells ist die Personalstrategie, die sich wiederum ableitet aus der allgemeinen Unternehmensstrategie. In der Praxis kann allerdings oft beobachtet werden, dass sich Unternehmen mit der Aufgabe schwer tun, eine beabsichtigte Personalstrategie schriftlich festzuhalten.

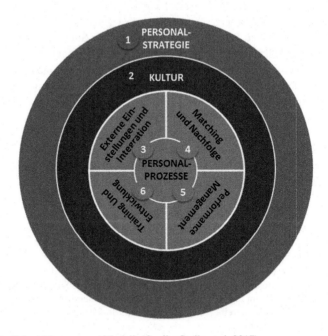

Abb. 1.1 Talent-Management Modell. (Quelle: Stulle et al. 2017)

Noch anspruchsvoller ist es dann, das tatsächliche Personalmanagement auch entlang dieser vorab definierten strategischen Grundsätze zu praktizieren – und nicht, wie oft anderenortens, eher reaktiv-opportunitätsgetrieben. Doch unabhängig davon, ob nun eine explizite Personalstrategie vorliegt oder [noch] nicht, werden in allen Unternehmen bestimmte Traditionen, Vorgehensweisen und Best Practices – beispielsweise zur Fragen der Stellenbesetzung, Leistungs- und Potenzialbewertung oder Feedback-Instrumenten vorliegen. Aus der Summe solcher Handlungsweisen ergibt sich bereits das Fundament für die resultierende Personalstrategie (und soll – wie im Checkpoint 1 beschrieben, als Grundlage für das Talent Management angemessen erfasst werden).

Außer Frage steht dabei, dass Unternehmens- und Personalstrategie unmittelbaren Einfluss auf die jeweilige Unternehmenskultur haben, beispielsweise wenn allgemeines Wachstum und/oder eine gezielte internationale Expansion angestrebt werden. Solche strategischen Entscheidungen entfalten zwangsläufig Auswirkungen auf allgemeine Unternehmenskultur samt Personalpolitik, beispielsweise das Vorgehen bei der Besetzung von Auslandsentsendungen *(„expat-policy")* oder Führungspositionen allgemein *(„external* vs. *internal hires").* Von daher wird in den meisten Fällen mit der Veränderung der Talent-Strategie auch ein Kulturwandel einhergehen.

Die im Kern des Talent Management-Modells enthaltenen Einzelbestandteile beschreiben dann im Wesentlichen die verschiedenen Personalmanagement-Prozesse von der Personalgewinnung bis hin zur Talententwicklung in sequenzieller Reihenfolge: Neue Mitarbeiter werden für das Unternehmen gewonnen und müssen professionell integriert (3), Führungspositionen müssen angemessen (nach-)besetzt und rechtzeitig Nachfolge-Regelungen getroffen (4), die Leistung systematisch bewertet und rückgemeldet (5) sowie die anschließende Personalentwicklung gestaltet werden (6).

1.1   Entwicklung des Talent Profilers

Aufbauend auf diesem hier nur in Umrissen skizzierten Modell wurde dann als erster Arbeitsschritt ein *idealtypischer* Ist-Zustand des Talent Managements in (Groß-)Unternehmen entwickelt, der allerdings in der Praxis nur selten anzutreffen sein dürfte. Mithilfe eines Fragebogens kann dann operationalisiert werden, in welchem Ausmaß und in welchen Bereichen das *tatsächliche* Talent Management im Unternehmen an diesen Optimalzustand heran reicht. Diese „Messung" sollte aber auf keinen Fall auf einer konventionellen, also zahlenbasierten Likert-Skala erfolgen. Denn dadurch würde die tatsächliche Reifegrad-Ausprägung nur

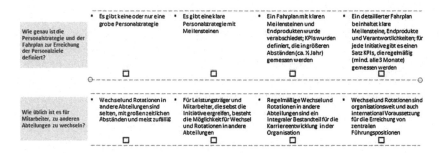

Wie genau ist die Personalstrategie und der Fahrplan zur Erreichung der Personalziele definiert?	• Es gibt keine oder nur eine grobe Personalstrategie	• Es gibt eine klare Personalstrategie mit Meilensteinen	• Ein Fahrplan mit klaren Meilensteinen und Endprodukten wurde verabschiedet; KPIs wurden definiert, die in größeren Abständen (ca. ½ Jahr) gemessen werden	• Ein detaillierter Fahrplan beinhaltet klare Meilensteine, Endprodukte und Verantwortlichkeiten; für jede Initiative gibt es einen Satz KPIs, die regelmäßig (mind. alle 3 Monate) gemessen werden
	☐	☐	☐	☐

Wie üblich ist es für Mitarbeiter, zu anderen Abteilungen zu wechseln?	• Wechsel und Rotationen in andere Abteilungen sind selten, mit großen zeitlichen Abständen und meist zufällig	• Für Leistungsträger und Mitarbeiter, die sebst die Initiative ergreifen, besteht die Möglichkeit für Wechsel und Rotationen in andere Abteilungen	• Regelmäßige Wechsel und Rotationen in andere Abteilungen sind ein integraler Bestandteil für die Karriereentwicklung in der Organisation	• Wechsel und Rotationen sind organisationsweit und auch international Voraussetzung für die Erreichung von zentralen Führungspositionen
	☐	☐	☐	☐

Abb. 1.2a, b Beispielitems aus dem verwendeten Online-Fragebogen. (Quelle: Eigene Darstellung entlang Stulle et al. 2017)

auf abstrakte Weise vorgenommen. Stattdessen wurden unterhalb des Optimums die sub-optimalen Reifegradausprägungen für jedes Einzelelement auf einer vier-stufigen Skala (0, 33, 66 und 100 %) ausformuliert. Abb. 1.2 zeigt dazu zwei Beispiel-Items:

Gleichzeitig wurden noch ergänzende offene Fragen als Freitextfelder eingeschlossen. Ohne das dahinter liegende Modell explizit in den Vordergrund zu stellen, wurden dann die Einzelausprägungen des Talent Management-Modells in einen Online-Fragebogen übertragen. Zielgruppe der Untersuchung waren Personalexperten aus DAX-Unternehmen und weiteren Großorganisationen[3]. Von insgesamt 42 persönlich versendeten Fragebogen konnten 15 Rückläufe vollständig ausgewertet werden, was einer Rücklaufquote von 38 % entspricht.

1.2   Ergebnisse des Talent Profilers

Entlang des eingangs vorgestellten Talent Management-Modells lassen sich auch die wesentlichen Ergebnisse der Befragung wiedergeben:

---

[3]Angesprochen wurden HR-Experten von: adidas, BASF, Bayer, Beiersdorf, Bertelsmann, Bosch, BMW, Commerzbank, CreditSuisse, Daimler-Benz, Dt. Bahn, Dt. Bank, Dt. Lufthansa, Dt. Post, Dt. Telekom, DZ Bank, EnBW, E.ON, E-Plus, Evonik, Fielmann, General Motors, HeidelbergCement, Henkel, 50 Hertz, Infineon, Lanxess, Merck, Metro, PWC, RWE, SAP, Siemens, Springer, Targobank, Tesa, ThyssenKrupp, Vodafone, Volkswagen, Vorwerk, Zalando, Zeiss.

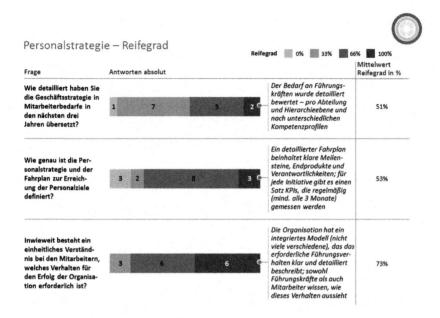

Personalstrategie – Reifegrad

Frage	Antworten absolut		Mittelwert Reifegrad in %
Wie detailliert haben Sie die Geschäftsstrategie in Mitarbeiterbedarfe in den nächsten drei Jahren übersetzt?	1 · 7 · 5 · 2	*Der Bedarf an Führungskräften wurde detailliert bewertet – pro Abteilung und Hierarchieebene und nach unterschiedlichen Kompetenzprofilen*	51%
Wie genau ist die Personalstrategie und der Fahrplan zur Erreichung der Personalziele definiert?	3 · 2 · 8 · 3	*Ein detaillierter Fahrplan beinhaltet klare Meilensteine, Endprodukte und Verantwortlichkeiten; für jede Initiative gibt es einen Satz KPIs, die regelmäßig (mind. alle 3 Monate) gemessen werden*	53%
Inwieweit besteht ein einheitliches Verständnis bei den Mitarbeitern, welches Verhalten für den Erfolg der Organisation erforderlich ist?	3 · 6 · 6	*Die Organisation hat ein integriertes Modell (nicht viele verschiedene), das das erforderliche Führungsverhalten klar und detailliert beschreibt; sowohl Führungskräfte als auch Mitarbeiter wissen, wie dieses Verhalten aussieht*	73%

Reifegrad ■ 0% ▓ 33% ■ 66% ■ 100%

Abb. 1.3 Reifegradanalyse der Personalstrategie. (Quelle: Eigene Darstellung entlang Stulle et al. 2017)

1.2.1 Personalstrategie

Die Praxis in den Unternehmen und der Alltag des Personalgeschäfts werden durch ein eher operativ und weniger strategisch ausgerichtetes Vorgehen dominiert (vgl. Abb. 1.3). Immerhin haben gut zwei Drittel der Unternehmen eine Personalstrategie und einen Fahrplan zur Erreichung definiert und halten Erfolgsparameter, sog. *„Key Performance Indicators"* („KPIs"), mindestens halbjährlich nach. Alle befragten Unternehmen beschreiben das idealtypische Führungsverhalten, aber nur 40 % verfügen über ein integriertes Modell, das die Führungskräfte und Mitarbeiter auch tatsächlich kennen und beherzigen. Nur eine Minderheit von etwa zehn Prozent der Unternehmen plant die Bedarfe für Führungskräfte über drei Jahre in Anlehnung an die Geschäftsstrategie.

1.2.2 Unternehmenskultur

Der Begriff der „Unternehmenskultur" beschreibt das tatsächliche Verhalten und die dahinter liegenden Einstellungen der Organisationsmitglieder. Ohne die

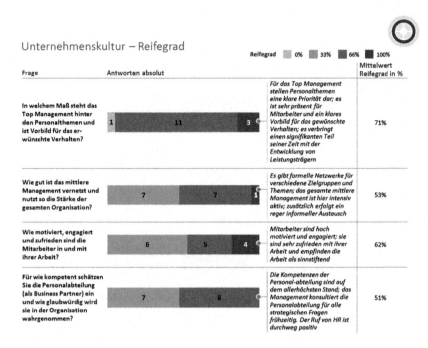

Abb. 1.4 Reifegradanalyse der Unternehmenskultur. (Quelle: Eigene Darstellung entlang Stulle et al. 2017)

entsprechende Unternehmenskultur kann eine (eher abstrakte) Personalstrategie kaum umgesetzt werden. Der direkte Vergleich zeigt, dass der Kultur vonseiten der HR-Verantwortlichen eine große Bedeutung, allerdings ein recht niedriger Ressourcenaufwand zugeschrieben wird. Eine mögliche Erklärung hierfür könnte sein, dass Unternehmen nicht immer wissen, wie sie das umfassende und durchaus sensible Thema „Kultur" gezielt angehen können.

Konkret bezogen auf das Talent Management kann die Unternehmenskultur in folgenden Bereichen adressiert werden: In fast allen befragten Unternehmen stellen Personalthemen für das Top Management eine ausgewiesene Priorität dar, zumindest in der Außendarstellung. Jedoch könnte in 80 % der Organisationen die Geschäftsführung noch mehr tun in Bezug auf ihre Vorbildwirkung für gewünschtes Verhalten. Die Fragebogenergebnisse (s. Abb. 1.4) zeigen auch, dass mehr als die Hälfte der Unternehmen sowohl formelle als auch informelle Netzwerke als Kontaktforum ihres mittleren Managements ausprägen, die Intensität dieser Nutzung ist aber unterschiedlich. 60 % der Unternehmen geben an, dass in der ganzen Organisation Motivation, Engagement und Zufriedenheit relativ hoch sind; in einem Viertel der Unternehmen empfinden die Mitarbeiter ihre Arbeit zusätzlich als ausdrücklich sinnstiftend. Mittlerweile werden vielerorts zahlreiche „Diversity & Inclusion"-Initiativen beobachtet, deren Umsetzungsgrad jedoch oftmals noch verbesserungswürdig ist.

Der Personalbereich wird überwiegend kritisch eingeschätzt und von keinem der befragten Unternehmen rundherum positiv bewertet. In Bezug auf die zentrale Forderung Dave Ulrich's nach der Positionierung als „HR Business Partner" werden dabei besondere Defizite deutlich: Die HR-Abteilung wird vom Management viel zu selten für strategische Fragen konsultiert. Dies kann auch darin begründet sein, dass selbst die ranghöchsten Personalleiter auch weiterhin weit über die Hälfte ihrer Arbeitskraft für operative statt für wirklich weichenstellende Aufgaben verwenden. Dazu fällt auf, dass über die Hälfte der Befragten einen Verbesserungsbedarf der Personalabteilung bezüglich ihrer strategischen Kompetenzen wahrnehmen.

1.2.3 Externe Einstellungen

In Bezug auf die Herausforderung, neue Mitarbeiter und Talente für das Unternehmen zu gewinnen, zeigt sich ein zweigeteiltes Bild: Auf der einen Seite geben mehr als 25 % der hier untersuchten Unternehmen an, kaum nennenswerte Probleme beim Recruiting zu erleben. Bei der Einstellungspraxis dominiert ein „gesundes" Verhältnis von 75 % internen zu 25 % externen Neueinstellungen bei Führungskräften, allerdings mit einer großen Spannweite.

Mehr als 70 % meinen allerdings auch, dass wenn Positionen länger nicht besetzt werden können, dies nicht [wirklich] an unzureichenden Bewerbungen liegen würde. Der sog. „war-for-talents" ist anscheinend in den befragten Großunternehmen noch nicht voll umfänglich angekommen. Auf der anderen Seite ist auch nur für knapp 30 % das Arbeitgebermarketing (noch) nicht zufriedenstellend. Mit 40 % der Unternehmen sieht auch nur weniger als die Hälfte ein deutliches Verbesserungspotenzial beim Rekrutierungs- und Auswahlprozess.

Wenn externe Fach- und Führungskräfte angeworben wurden, sind nur knapp 15 % der Befragten mit der Eingliederung nach Vertragsunterzeichnung zufrieden. Vielmehr klagen viele Befragte über die typischen Abgänge von senioren Führungskräften („Senior Hires") nach zwei bis drei Jahren. Analog dazu artikulieren 40 % der Unternehmen deutliches Verbesserungspotenzial beim Onboarding-Vorgang. Als Standardinstrument existiert bei gut 70 % der Unternehmen eine

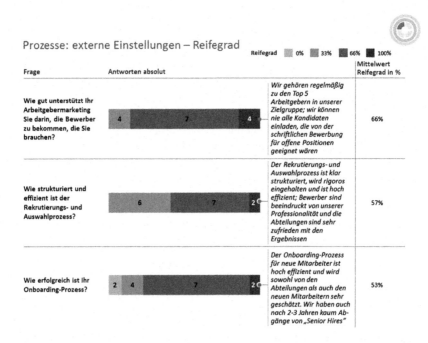

Abb. 1.5 Reifegradanalyse der Einstellungsprozesse. (Quelle: Eigene Darstellung entlang Stulle et al. 2017)

Orientierungsveranstaltung für Neueinstellungen. Diese dauert bei mehr als 60 % dieser Unternehmen einen Tag, bei knapp 30 % zwei und bei knapp 10 % drei bis vier Tage. Vieles deutet auf Grundlage der hier vorgestellten Daten (vgl. Abb. 1.5) darauf hin, dass die Durchlässigkeit des Arbeitsmarktes weiterhin zu wünschen übrig lässt, zum Leidwesen sowohl der Arbeitgeber als auch der Arbeitnehmer. Das *Onboarding* auf der neuen Stelle sollte dabei als strategische Notwendigkeit verstanden werden und darf nicht auf singuläre Orientierungsveranstaltungen beschränkt sein.

1.2.4   Matching und Nachfolge

Auf diesem Gebiet wurden in den befragten Großunternehmen viele Standardprozesse und damit hohe Zustimmungsraten bzw. ausgeprägte „Reifegrade" erwartet. In diesem Sinne sind die häufigen Abweichungen von dem

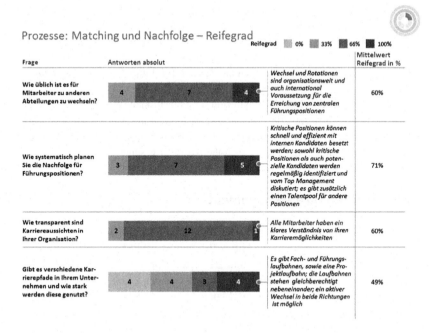

Abb. 1.6 Reifegradanalyse der Nachfolgeplanung. (Quelle: Eigene Darstellung entlang Stulle et al. 2017)

idealtypischen 100 %-Status-Quo beachtlich und deuten auf weiterhin bestehendes Optimierungspotenzial hin (vgl. Abb. 1.6): So wurden in „nur" ca. drei Viertel der Unternehmen Rotationen in andere Abteilungen als ein integraler Bestandteil für die Karriereentwicklung angegeben. Dabei sollte die Möglichkeit der „*on-the-job* Entwicklung" durch gezielten Stellenwechsel doch mit zum größten „Pfund" zählen, mit dem die Konzerne gegenüber dem Mittelstand „wuchern" können. Immerhin beschreiben 80 % der Teilnehmer, (mindestens) eine Liste kritischer Positionen zu pflegen, anhand derer interne Nachfolger und offene Stellen gezielt intern besetzt werden können. Pro Führungsfunktion sind dann meistens zwei mögliche Nachfolger vorgesehen (mit einer Spannweite zwischen eins bis vier).

Das klassische „Entwicklungsgespräch" als regelmäßige, institutionalisierte Diskussion zwischen Mitarbeiter und seinem Vorgesetzten zu den nächsten möglichen Karriereschritten findet in so gut wie allen Unternehmen statt. Gleichzeitig besteht an diesem Punkt weiterhin deutlicher Aufklärungsbedarf für die

Mitarbeiter, welche Karriereschritte überhaupt infrage kommen. Nur in einem der befragten Unternehmen war dies für alle Mitarbeiter klar gegeben. Bei 60 % der Unternehmen ist (mindestens) ein ausgewiesener Mobilitätsbeauftragter vorhanden, der gezielt für die Rotationen von Mitarbeitern zuständig ist. Bei knapp 50 % der Unternehmen wird auf einen Berater für Führungskräfteentwicklung zurückgegriffen.

In drei Viertel der hier kontaktierten Organisationen wurden mittlerweile unterschiedliche Karrierepfade definiert, in der Regel anhand der Unterscheidung in Fach- gegenüber Führungslaufbahn. Dabei wird in knapp zwei Drittel der Fälle die Führungslaufbahn in der Praxis als höherwertig angesehen.

1.2.5   Performance Management

Die üblichen Mechanismen zur Leistungsbeurteilung haben mittlerweile weite Verbreitung gefunden (s. Abb. 1.7): In fast allen befragten Unternehmen wird der Zielvereinbarungs- und Bewertungsprozess von den Führungskräften geschätzt und ernst genommen. Performance Management wird von den sechs HR-Aspekten des Talent Management-Modells als der Wichtigste wahrgenommen, dem folgerichtig auch der höchste Ressourcenaufwand zugewiesen wird. Alle Unternehmen führen mindestens einmal im Jahr eine systematische Mitarbeiterbewertung durch (ein Unternehmen sogar halbjährlich), in der Regel verknüpft mit der Bonusermittlung. Problematisch dürfte dabei sich die schon vielerorts beobachtete mangelnde Negativ-Differenzierung von Zielvereinbarungen auswirken: Die erhobenen Fragebogendaten belegen mit 96 % eine fast vollständige Zielerreichungsquote (wobei auf die ebenfalls weit verbreitete Möglichkeit der positiv-Überschreitung mit mehr als 100 % Zielerreichung schon bei der Fragebogengestaltung bewusst verzichtet wurde).

Flächendeckend haben in den Unternehmen sog. „Personal-Komitees" zur Leistungskalibrierung Einzug gehalten. Diese werden jedoch nur von knapp der Hälfte als wertstiftend angesehen. Bei mehr als 70 % der Unternehmen wird die Leistung und das Potenzial der Mitarbeiter in einem gemeinsamen Prozess und nicht getrennt voneinander erfasst bzw. diskutiert. In zwei Drittel der Unternehmen ist Feedback von den Mitarbeitern zu Führungskräften *(„bottom-up")* vorgesehen und wird mindestens jährlich durchgeführt. Allerdings nur bei der Hälfte der Unternehmen wird dieser Prozess als wichtig angesehen und angenommen, dass Teilnehmer tatsächlich ehrlich antworten.

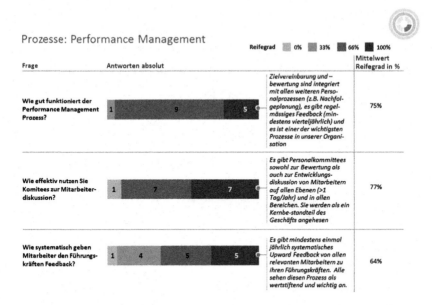

Abb. 1.7 Reifegradanalyse der Leistungsbeurteilung. (Quelle: Eigene Darstellung entlang Stulle et al. 2017)

1.2.6 Training und Entwicklung

Auch in diesem Bereich zeigt sich ein Delta zwischen den theoretisch vorgesehenen Standardelementen und ihrer Umsetzung in der Praxis (s. Abb. 1.8): In allen Unternehmen gibt es individuelle Entwicklungspläne, die in 20 % allerdings nur für Führungskräfte vorgesehen sind und lange nicht immer systematisch befolgt werden. Ebenso haben alle Unternehmen Ziele für Schulungen und Entwicklungsmaßnahmen definiert. Doch nur in 20 % der Unternehmen sind diese Ziele aus der Geschäftsstrategie abgeleitet, messbar gemacht und werden auch nachgehalten. Knapp drei Viertel der Unternehmen messen ausschließlich die Teilnehmer-Zufriedenheit mit den vorausgegangenen Qualifizierungsmaßnahmen („Kirkpatrick Level 1"); nur bei einer Minderheit wird der Lernerfolg auch über Zeit gemessen und kalibriert durch Eindrücke der jeweiligen Vorgesetzten. Dazu durchliefen die Führungskräfte der Unternehmen im zurückliegenden Kalenderjahr zwischen zwei und zehn, im Durchschnitt ca. 5 Trainingstage.

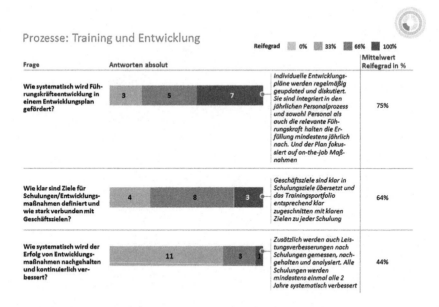

Abb. 1.8 Reifegradanalyse des Fortbildungsmanagements. (Quelle: Eigene Darstellung entlang Stulle et al. 2017)

Der Anteil unternehmensintern entwickelter Schulungen im Vergleich mit Standardmaßnahmen hält sich mit jeweils 50 % in etwa die Waage. Der Anteil von Fortbildungsmaßnahmen, bei denen die eigenen Führungskräfte maßgeblich als „interne Trainer" aktiv sind, variiert zwischen 5 und 70 % und liegt im Mittel bei 19 %.

1.2.7 Soll- & Ist-Abgleich des Talent Reifegrades insgesamt

Als abschließender Schritt wurden die bislang beschriebenen Ergebnisse in einen Quervergleich miteinander gesetzt (vgl. Abb. 1.9). Als zusätzlicher Parameter neben der Bedeutung wurde auch der im Unternehmen investierte Ressourcenaufwand erfasst, der dann mit dem ermittelten Reifegrad verglichen wurde. Eine klare Übereinstimmung zwischen Wunsch und Wirklichkeit zeigt sich beim Thema

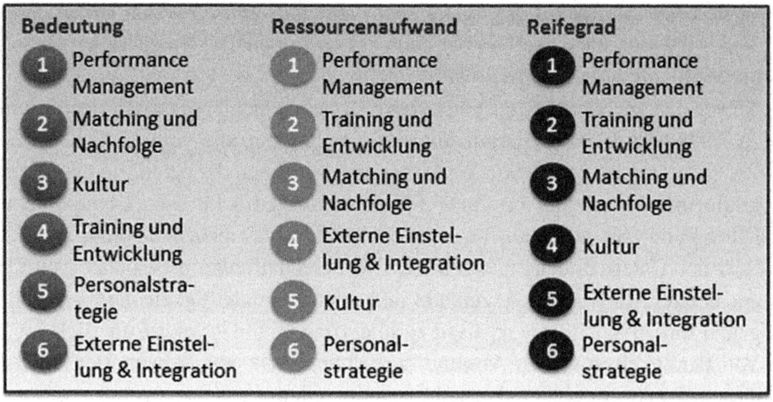

Bedeutung	Ressourcenaufwand	Reifegrad
1 Performance Management	1 Performance Management	1 Performance Management
2 Matching und Nachfolge	2 Training und Entwicklung	2 Training und Entwicklung
3 Kultur	3 Matching und Nachfolge	3 Matching und Nachfolge
4 Training und Entwicklung	4 Externe Einstellung & Integration	4 Kultur
5 Personalstrategie	5 Kultur	5 Externe Einstellung & Integration
6 Externe Einstellung & Integration	6 Personalstrategie	6 Personalstrategie

Abb. 1.9 Rangfolgen-Vergleich der einzelnen TM-Bereiche. (Quelle: Eigene Darstellung entlang Stulle et al. 2014)

„Performance Management/Zielvereinbarungen" mit vergleichsweise höchster Bedeutung, aber auch hohem Reifegrad bei ebenfalls hohem Ressourcenaufwand. Differenzierter wird es bei den übrigen Modellbestandteilen: Es zeigt sich, dass für übergreifende Kultur- und Strategiethemen oft nicht genügende Ressourcen bereitgestellt und in der Folge wird der resultierende Reifegrad auch als überschaubar bewertet.

1.3 Implikationen aus dem Talent Profiler

Die Arbeiten zum Talent Profiler haben eine Reihe an Erkenntnissen produziert, die hier ausschnittsweise wiedergegeben werden. Die nachfolgende Interpretation der Erkenntnisse wird hier zur besseren Lesbarkeit in Form von Kernthesen kondensiert:

- Das Thema „Talent Management" ist als konzeptionelle Herausforderung voll in den deutschland-basierten Großunternehmen angekommen. Dem Thema wird zunehmend der Stellenwert zugeschrieben, der auch angemessen erscheint. Allerdings bleibt die Umsetzung der angestrebten Prozesse an vielen Stellen noch deutlich hinter dem Wunsch-Zustand zurück. Kein Unternehmen wirkt in der Selbstbeschreibung „vollständig" bzw. „perfekt". Vielmehr variiert der „Reifegrad des Talent Managements" zwischen den Unternehmen weiterhin sehr stark, wobei aber auch die einzelnen Teil-Prozesse jeweils sehr unterschiedlich realisiert sein können;

- Neben der unvollständigen Umsetzung der einzelnen Aktivitäten deuten ernst zu nehmende Indizien darauf hin, dass lange nicht alle vermeintlichen „Best Practices" uneingeschränkte Wertschätzung vonseiten der beteiligten Führungs-kräfte und Mitarbeiter erfahren. Einfacher ausgedrückt: Was Unternehmens-leitung und HR-Abteilung für sinnvoll halten, muss nicht unbedingt auch den Rest des Unternehmens überzeugen. Die Personalfunktion ist daher weiterhin gut beraten, rechtzeitig Akzeptanz und erlebte Sinnhaftigkeit der vorgeschla-genen Initiativen (selbst-)kritisch zu hinterfragen und – wo erforderlich – vom Vollständigkeitsanspruch Abstand zu nehmen. Wie so oft kann sich auch an diesem Punkt „weniger" als „mehr" herausstellen;

- Das sog. „Performance Management" ist derjenige Prozessbestandteil, der als der wichtigste Bereich des Talent Managements wahrgenommen wird und dabei auch die meisten Ressourcen bündelt. Dies ist gut verständlich durch die zumeist sehr enge Verknüpfung von „Leistung" und „Bonus", wobei der variable Anteil der Vergütung im Schnitt bei stattlichen 28 % des Gesamtein-kommens angegeben wurde. Anders ausgedrückt bleibt diese vermeintlich zwangsläufige Verknüpfung von (Vorgesetzen-)Leistungseinschätzung und signifikantem Einkommensbestandteil mehr denn je typische Unternehmens-realität. Von besonders innovativen „Personalern" erfolgt zunehmend der Ruf nach alternativen Modellen im Sinne von „Jahres-Bonus flächendeckend nur an den Unternehmenserfolg geknüpft und darüber hinausgehende Individual-Incentivierung allein im begründeten Einzelfall". Doch momentan stellen sol-che Praktiken weiterhin die große Ausnahme dar.

  Für die Talent Management Praxis ergibt sich die Möglichkeit, das „Perfor-mance Management" als „Zugpferd" für die weiteren TM-Prozesse zu nutzen. Wenn damit der Ressourcenaufwand für die Zielvereinbarungsprozedur ohne-hin schon im Unternehmen verbreitet (und im besseren Fall auch akzeptiert) ist, lassen sich Potenzialbeurteilung, Entwicklungsplanung bis hin zur strategischen Personalentwicklung möglicherweise recht „geräuschlos" und widerstandsarm mit implementieren, vorausgesetzt, es ergibt sich daraus ein stimmiges Gesamt-bild aller HR-Prozesse;

- Dem übergeordneten Thema „Unternehmenskultur" wird von den Studien-teilnehmern eine recht hohe Bedeutung zugewiesen. Allerdings liegt der dazu aufgewendete Ressourcenaufwand im Vergleich mit den übrigen Aktivitäten deut-lich darunter. Die Personalfunktion ist – zusammen mit dem Management – gut beraten, dieses Metathema gezielt in den Mittelpunkt zu stellen, um den momentan ebenso recht niedrig bewerteten Reifegrad auf ein verbessertes Niveau zu bewegen. Damit wird dann auch zwangsläufig die momentan nur rudimentäre Verankerung der Personalstrategie in der allgemeinen Unternehmensstrategie vorangetrieben werden können.

- Dagegen ist der Reifegrad in den Bereichen „Training und Entwicklung" sowie „Externe Einstellungen" schon heute recht hoch ausgeprägt, gleichzeitig verbunden mit großem Ressourcenaufwand. Hierzu können Feinjustierungen von Vorteil sein, indem das klassische Bildungsangebot gezielt hinterfragt wird, auch durch eine ernsthaftere Evaluation jenseits der „Happy-Sheets" unmittelbar nach Seminarteilnahme. Nicht allein aus Ressourcengesichtspunkten mag es dabei von Vorteil sein, mehr denn je hochrangige interne Führungskräfte als reguläre Trainer einzubeziehen und somit aktiv in die Pflicht zu nehmen.

  Auch beim „Recruiting"-Thema dürfte es vielerorts an der Zeit sein, den Blick weniger auf die fortgesetzte Prozessoptimierung zu richten, z. B. bezüglich der Unternehmens-Webpage oder des Bewerbungsworkflows. Vielmehr sollte stärker die Qualität des *„Hiring-Outputs"* hinterfragt werden. Dazu rückt zum einen das ewige Thema „Professionelle Eignungsdiagnostik" in den Mittelpunkt, wobei in vielen Unternehmen die Personalfunktion durch bestenfalls mittelfristig angelegte und dabei hoch-aufwendige Potenzial-ACs aufgezehrt wird. Bei den eigentlichen Weichenstellungen für das Unternehmensgeschick, den konkreten internen und externen Personalentscheidungen, wird die Expertise der Personaler aber oft noch viel zu wenig berücksichtigt. Dabei liegt an dieser Stelle ein ausgeprägtes Potenzial für ein funktionierendes Talentmanagement.

- Eng verbunden mit letztgenanntem Punkt ist der vielerorts offenkundige Handlungsbedarf hinsichtlich eines verbesserten *Onboardings* neu-angeworbener Führungskräfte. Die Früchte einer erfolgreichen Integration hängen hier sehr niedrig, denn die unmittelbaren und mittelbaren Kosten für das weiterhin noch viel zu häufig beobachtete Scheitern von *„Senior Hires"* lasten enorm auf der gesamten Organisation, verbunden mit der großen zeitlichen Trägheit bei der Besetzung von unfreiwillig aufgetretenen Vakanzen in der Führungsstruktur.

- Während es essentiell ist, in allen Bereichen des Talent Management ein *Mindestmaß* an Qualität sicherzustellen, müssen sich Unternehmen überlegen, in welchen (wenigen) Bereichen sie wirklich investieren wollen, um dort *herausragend* zu sein. Hierbei ist es entscheidend, dass dies in Anlehnung an die Geschäftsstrategie passiert; in der vorliegenden Untersuchung erfolgt dies lediglich bei gut 10 % der Unternehmen.

1.4   Künftige Anwendungsgebiete für den „Talent Profiler"

Die hier skizzierten Implikationen aus der ersten Anwendung des „Talent Profilers" machen deutlich, wofür das Instrument in Zukunft genutzt werden kann.
Es basiert zum einen auf der Annahme, dass es für alle Bereiche des Talent
Managements mittlerweile sog. „Best-Practices"-Lösungen gibt, die den maxi-
malen Reifegrad im Unternehmen kennzeichnen. Darüber hinaus wird postuliert,
dass Talent Management mehr denn je für jede Organisation eine spezifische
Relevanz entwickeln wird, die fortgesetzter Optimierung bedarf. Als Ausgangspunkt zielführender Aktivitäten ist es ratsam, als ersten Schritt den momentanen
Status-Quo einer gewissenhaften Prüfung zu unterziehen. Dabei macht es Sinn,
zum einen den aktuellen Reifegrad der Organisation insgesamt, aber auch nach
Einzelprozessen getrennt zu erheben. Gerade an dieser Stelle kann der „Talent
Profiler" als standardisiertes Instrument im Fragebogen-Format oder im Exper-
ten-Gespräch zur konkreten Standortbestimmung der jeweiligen Organisation
verwendet werden. Als vorteilhaft wird sich dabei die darin enthaltene durchgän-
gige Kombination von quantitativen = zahlenbasierten Daten mit eher offenen,
qualitativen Aussagen herausstellen, die der Komplexität des dahinter liegenden
Themas angemessen gerecht wird.

„Goldene Regeln" zur Optimierung des Talent Managements

2

Die Erkenntnisse bei der Entwicklung des „Talent Profilers" und die nachfolgenden qualitativen Fachgespräche zur individuellen Reifegrad-Ermittlung haben deutlich gemacht, dass der Bedarf für ein funktionierendes Talent Management nicht nur in Konzernen, sondern auch im Mittelstand zunehmend gegeben ist. So resultiert eine breite Gruppe an Organisationen, die von den vor einigen Jahren vorgestellten „Goldenen Regeln" zur Optimierung des Talent Managements profitieren kann, die hier verkürzt wiedergegeben werden sollen:

2.1 Checkpoint: Hat Ihre Organisation eine kommunizierte Philosophie/einen offiziellen „Slogan", der die Bedeutung und das Einverständnis mit dem Talent Management herausstellt?

Die Entwicklung des „Talent Profilers" hat überdeutlich zum Vorschein gebracht, dass kaum ein Unternehmen ernsthaft in Anspruch nehmen kann, sein Talent Management vollends bis hin zur Perfektion in die Praxis umgesetzt zu haben. Allerorten lassen sich – verständlicherweise! – unvollständige Reifegrade beobachten. Doch diese Erkenntnis darf auch nicht überbewertet werden, da auch an anderen Stellen Organisationen nicht das Stadium der „Makellosigkeit" erreichen. Vielmehr drängt sich eine ganz andere und ungleich relevantere Erkenntnis auf: In allen (befragten) Organisationen gibt es schon Bestandteile eines funktionierenden Talent Managements! Diese hängen nicht unbedingt im wünschenswerten Ausmaß mit anderen Personalmanagement-Prozessen zusammen und funktionieren möglicherweise auch noch sub-optimal. Aber allemal sind sie eingeführt und

© Springer Fachmedien Wiesbaden GmbH, ein Teil von Springer Nature 2018   17
K. P. Stulle, *Goldene Regeln für das Talent Management,* essentials,
https://doi.org/10.1007/978-3-658-20915-5_2

im Unternehmen – in bestimmter Ausprägung – etabliert. Daher wird als erster, unverzichtbarer Schritt zu einer – ehrlichen und selbstkritischen – Bestandsaufnahme geraten:

Auch wenn manche Prozesse noch nicht klar definiert wurden, lohnt es sich, bestehende Vorgehensweisen und „Vorfahrtsregeln" zu sammeln und festzuhalten. Dazu sollte zunächst einmal die Frage nach dem aktuellen Werte-Katalog und/ oder dem jeweiligen Kompetenzmodell gestellt werden. Denn auch wenn solche Grundsätze ja bekanntlich (zuweilen nach etwas „Management-Voodoo" in intensiven Workshops, vgl. Berner 2012) ausgesprochen unternehmensspezifisch zugeschnitten werden, ähneln sie sich im Quervergleich dann doch rasch. Dabei kann aber schon seit Jahren beobachtet werden, dass die wesentliche Intention eines aktiven Talent Managements gern explizit mit aufgenommen wird (vgl. Abb. 2.1): So lautete eins von sieben sog. „Leadership Principles" bei der Bayer AG vor einigen Jahren „Sich selbst und andere entwickeln". Oder Schering formulierte zuvor als Prinzip: „Führungskräfte werden in erster Linie innerhalb des Unternehmens ausgewählt und weiterentwickelt".

Solche „offiziellen" und gut sichtbaren Hinweise können als ernst zu nehmendes Bekenntnis vonseiten der Unternehmensleitung zur Notwendigkeit des Talent Managements verstanden werden. Dort, wo solche Werte und Kompetenzen gerade erst entwickelt oder ggf. überarbeitet werden, bieten sich solche oder ähnliche Erklärungen an. Diese müssen dann natürlich über den Charakter einer Absichtserklärung hinaus auch entsprechend realisiert werden.

Denn auch wenn dieses Bekenntnis zur Personalentwicklung (neben Strategie und Geschäftsentwicklung) sichtbar kommuniziert wurde, fängt damit die Arbeit in Form der eigentlichen Umsetzung erst richtig an. Auch dazu sollte an erster Stelle eine Art „diagnostischer Bestandsaufnahme" stehen. Oftmals ist in Unternehmen die Personalpolitik nicht [gänzlich] formalisiert und schriftlich festgehalten. Aber sie folgt in der Regel bestimmten Traditionen und sog. *„Best practices"*. So bekannten sich ehemalige Staatsbetriebe wie die Deutsche Post oder Telekom in ihren marktwirtschaftlichen Gründungsjahren ausdrücklich zu dem Wunsch nach *„frischem Blut von außen"*, das für Bewegung im ehemaligen Beamtenapparat sorgen sollte. Jahre später stellten sich Unternehmen dem sog. *„War for Talent"* gezielt entgegen, indem sie die internen Karrierewege betonten. Im Gegensatz zu kostspieligen *„Headhunter*-Besetzungen" sollten vielmehr die eigenen Mitarbeiter in Führungspositionen bis hin zur Geschäftsführung/Vorstand befördert werden.

Ein anderes, weiterhin sehr zeitgemäßes Thema ist das Stichwort *„Diversity"*, nicht nur beschränkt auf die Geschlechtszugehörigkeit: Im Gegensatz zur zuvor oft angestrebten größtmöglichen Homogenität bis hin zur erkennbaren

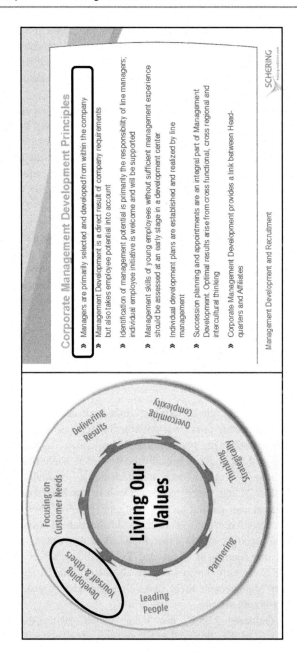

Abb. 2.1a, b Ausschnitte aus (mittlerweile überholten) Führungsgrundsätzen bei Bayer und Schering. (Quelle eigenes Archiv)

Gleichförmigkeit in der Belegschaft wird mittlerweile vielmehr eine gezielte Durchmischung gefördert. Zum Beispiel bei kostspieligen Auslandsentsendungen setzen viele Unternehmen auf sog. *„third-country-nationals"* und verzichten darauf, wie zuvor üblich, (meist männliche) *Expatriates* aus dem Stammland in die Ferne zu schicken.

Für das resultierende Talent Management lohnt es zweifelsohne die Mühe, die bereits im Unternehmen praktizierten oder zumindest angestrebten Prinzipien im ersten Schritt zu sammeln und schriftlich festzuhalten – so konkret wie möglich, und auch hier bestätigen die unvermeidlichen Ausnahmen rasch die dahinter liegende Regel. Im Anschluss sollten sich dann Personalabteilung und Geschäftsführung gemeinsam (!) auf die künftig praktizierte Vorgehensweise verständigen und sich selbst zur Einhaltung verpflichten.

▶ **Handlungsempfehlungen für den Talent Master** Prüfen Sie das aktuelle Kompetenzmodell und andere Führungsprinzipien und erfassen Sie dazu **schriftlich!** alle bereits vorliegenden Management-Vorgaben. Führen Sie dazu einen Quervergleich mit Geschäfts- und Personalleitung durch und halten Sie dies in einem verbindlichen Katalog fest!

2.2 Checkpoint: Hat Ihre Organisation die erforderlichen Datenfelder für das Talent Management festgelegt?

Dem Management-Guru Reinhard Sprenger (und anderen) wird das Bonmot nachgesagt: „Wer viel misst, misst viel Mist!". So steht es außer Frage, dass mit übertriebenem Datenhunger beim Talent Management des Guten zu viel getan werden kann und Ressourcen verschwendet werden. Viele Studierende im Bereich „Personalmanagement" werden leichterhand als besonders begehrten Berufswunsch „Talent Management" nennen. Doch in der Praxis angekommen, stöhnen sie dann rasch über gefühlt endlose Listenpflege zur Vorbereitung wenig inspirierter Personalkonferenzen mit eher buchhalterischem Charakter (vgl. Abschn. 2.5). Denn zweifellos steht außer Frage, dass des Guten zu viel getan werden kann und der eigentliche Geist des Talent Managements durch übermäßige Bürokratie Schaden nehmen kann. Doch ebenso klar ist auch, dass ein zeitgemäßes Talent Management nicht ohne eine überschaubare und gepflegte Datengrundlage auskommen kann.

Die zweite „Goldene Regel" hat dann gleich zwei Auswirkungen: Zum einen muss sich die Personalabteilung konzeptionell auf bestimmte

„Talent-Parameter" verständigen, die einheitlich zu erfassen sind: Leistungsmaße, Potenzialaussagen, Projekterfahrungen, interne und externe Stellenbesetzungen etc. – all solche Begriffe müssen vereinheitlicht und „operationalisiert" werden. Dabei läuft es rasch auf sog. *„Key Performance Indicators* (KPIs)", denen besondere Aussagekraft zugeschrieben wird, zum Beispiel „Wie viele *„High Potentials"* werden der Talent Pipeline zugerechnet?"; „Wie viele Assessment Center Teilnahmen verlaufen erfolgreich?" oder „Wie hoch ist der Anteil interner Stellenbesetzungen innerhalb der Führungs*mann*schaft, wie das Geschlechtsverhältnis?". Doch so berechtigt und möglicherweise auch trivial solche Fragen in erster Annäherung erscheinen mögen, schon hier steckt der Teufel – wie so oft – im berühmten Detail: Zum Beispiel ändert sich in vielen Unternehmen ständig der Prozess zur Leistungsbeurteilung, damit auch die verwendete Beurteilungsskala. Aus dem Skalenpunkt „trifft die Erwartungen/*meets expectations*" mag in der Zwischenzeit die Aussage „trifft die Erwartung *völlig/ fully meets expectations*" geworden sein, weiterhin erfasst durch den Skalenwert „Drei" auf einer Fünferskala. Müssen solche [vermeintlichen?] Petitessen nun sichtbar in der Datenbank berücksichtigt werden? Was genau wird unter einer „erfolgreichen Assessment Center Teilnahme" verstanden? Zählt die Beförderung eines Mitarbeiters aus einem im Ausland angesiedelten Tochterunternehmen zu einer internen oder doch eher externen Stellenbesetzung? Solche Beispiele können als Hinweis darauf verstanden werden, welche Diskussionen rund um das Thema „KPIs" zu erwarten sind. Unübersehbar dabei, dass es stets keinen „Königsweg" geben wird, sondern nur Kompromisslösungen zu erwarten sind.

Neben der Frage, „WAS" zu erheben ist, muss auch geklärt werden, „WER" dies tun soll, zunächst einmal innerhalb der Personalabteilung: Ist es der betreuende Personalreferent/HR Business-Partner, also de-zentral? Oder liegt die Datenhoheit in den Händen der (meist zentral operierenden) Personalentwicklung und anderen Stabsfunktionen? Aus einem „sowohl-als-auch" und dem daraus resultierenden Zusammenspiel verschiedener Akteure werden oft sich rasch „weder-noch"-Unklarheiten und „Reibungsverluste" ergeben, denen es frühzeitig entgegen zu steuern gilt.

▶   **Handlungsempfehlung für den Talent Master** Legen Sie diejenigen Daten fest, die im Rahmen des Talent Managements in Ihrem Unternehmen erfasst werden sollen. Beschränken Sie sich auf wenige KPIs, die dann aber möglichst flächendeckend erhoben werden sollen.
   Halten Sie gleichzeitig fest, wer im Unternehmen für die Datenerfassung zuständig sein soll.

2.3   Checkpoint: Haben Sie die passende IT-Lösung für Ihr Talent Management eingeführt?

Nach der inhaltlichen Festlegung der Talent Management Datenfelder rückt die – ressourcenträchtige! – Frage nach der passenden IT-Unterstützung in den Mittelpunkt der Betrachtung. Am Anfang steht oft ein beliebiges Personalverwaltungssystem, das dann zunächst durch selbst entwickelte „Insellösungen" ergänzt wird. Dabei werden die verschiedenen Personalprozesse, z. B. Bewerbungsunterlagen, Mitarbeiter-Gespräche, und Trainingshistorie oft getrennt erfasst. Diese Situation stößt dann mit zunehmender Professionalisierung an offensichtliche Grenzen: Neu eingestellten Mitarbeitern ist nur schwer verständlich zu machen, warum die bei der Rekrutierung verwendeten Unterlagen wie der Lebenslauf nicht automatisch der Personalsoftware bzw. dem Vorgesetzten zur Verfügung stehen. In Zielvereinbarungsgesprächen sollte nicht nur über die zurückliegenden Qualifizierungsmaßnahmen gesprochen, sondern auch direkt eine für alle Beteiligte (=Mitarbeiter, Vorgesetzter, HR Business-Partner und Personalentwicklung) zugängliche Entwicklungsplanung für die nächsten Karriereschritte festgehalten werden. Und so mancher Personalverantwortliche wird sich schon – mehr oder weniger ausgesprochen – darüber empört haben, mit welcher Bereitwilligkeit und Akkuratesse Mitarbeiter ihren Lebenslauf samt persönlichen Stärken und Interessen für soziale Netzwerke wie Facebook und XING pflegen (gern auch während der Arbeitszeit), wohingegen im Unternehmen oft nur unzureichende Angaben abgerufen werden können.

Der unübersehbare Trend bei der „Datenhaltung" von Talentangaben besteht nun darin, dass die rein von der Personalabteilung betreuten „(Insel-)Systeme" mit der unternehmensübergreifenden IT-Architektur verbunden werden. Zentrale Begriffe in diesem Zusammenhang sind dann der sog. **„Employee"** und **„Manager Self Service"** (ESS & MSS). Die Dateneingabe und -pflege muss damit in die Hände der eigentlichen „Verursacher" gegeben werden, die ja auch die eigentliche Führungsbeziehung leben – die Personalabteilung katalysiert dieses Zusammenspiel bestenfalls im Hintergrund. Damit treten zwei mit einander verknüpfte Aspekte in den Vordergrund, die in der Vergangenheit etwas nachrangig betrachtet werden konnten:

a. Usability: Das Talent-System muss so schlank, nutzer-freundlich und intuitiv gehalten werden wie möglich. Aufwendige User-Produktschulungen oder lange FAQ-Listen sind nicht mehr zeitgemäß und zu vermeiden.

b. Motivation der Anwender: Faktisch führen viele ESS- und MSS-Lösungen dazu, dass Laien und Anwender die Arbeiten übernehmen, die früher gut bezahlte und dazu ausgebildete Fachkräfte übernommen hatten (vergleichbar dem Filialsterben der Sparkassen und dem Trend zum Online-Banking). Doch dieser Trend setzt die Bereitschaft von Mitarbeitern und Führungskräften voraus, die Systeme auch angemessen zu nutzen, sprich „mit Daten zu füttern" und aktuell zu halten. Diese Aufgeschlossenheit wird zum einen nur durch die zuvor angesprochene hohe Benutzerfreundlichkeit der Systeme zu erreichen sein. Ebenso wichtig ist es aber auch, den Nutzen für den Einzelnen herauszustellen im Sinne von: „Nicht HR ist der Hüter und Profiteur von HR-Daten, sondern die tatsächlich Betroffenen"! So muss zum Beispiel der Mitarbeiter davon überzeugt werden, dass nicht nur sein aktueller Lebenslauf in sozialen Netzwerken für ihn von Vorteil ist (und die Mühe der selbstverantworteten Datenhaltung lohnt). Auch der „nur" im eigenen Unternehmen (und damit nicht für Personalberatungen!) sichtbare Lebenslauf erhöht seine Karrieremöglichkeiten durch die verbesserte Sichtbarkeit samt daran angeschlossenen Suchfunktionen zum *„Talent Brokerage".*

▶ **Handlungsempfehlung für den Talent Master** Prüfen Sie die Möglichkeiten von Employee und Manager-Self Service, um Talent Daten aus erster Hand zu bekommen. Berücksichtigen Sie dabei, dass nicht nur bei der Einführung, sondern auch beim Regelbetrieb viel Überzeugungsarbeit erforderlich sein wird, um eine vertretbare Datenqualität zu gewährleisten. Dabei wird die Anwenderfreundlichkeit („usability") Ihrer Talentsoftware von entscheidender Bedeutung sein.

Spätestens bei dem offensichtlichen Bedarf an ESS- und MSS-Funktionalitäten wird der Ruf nach einer geeigneten, umfassenden Talent Management-Softwarelösung immer lauter. Diese soll dann die bestehenden Einzellösungen als sog. „Workarounds" ein für alle Mal aus der Welt schaffen. Idealerweise sollte diese dann direkt eingebunden sein in die übrige HR-Datenwelt (im entsprechenden „ERP-System"), mindestens über Schnittstellen, idealerweise vollständig integriert. Doch der Überblick über die dahinter liegende Anbieterlandschaft fällt nicht leicht. Marktforschungsexperten liefern dazu regelmäßig Klassifikationen, insbesondere der sog. *„Magic Quadrant"* von Gartner erzielt regelmäßig große Aufmerksamkeit, auch aufgrund standardisierter und gut dokumentierter Beurteilungsmethoden. Dabei zeigt schon der optische

Abb. 2.2 Anbieter-Übersicht Stand 2014. (http://www.gartner.com/technology/reprints. do?id=1-1VEZY7K&ct=140.612&st=sb [mittlerweile nicht mehr abrufbar])

Quervergleich in Abb. 2.2 der zurück liegenden mit der aktuellen Studie einen offensichtlichen Trend:

Danach hatte sich schon in den Jahren von 2014 bis 2015 die Anzahl der relevanten Anbieter auf dem Markt signifikant reduziert (vgl. Abb. 2.3):

Und dieser Trend hat sich in Abb. 2.4 weiter fortgesetzt:

Verallgemeinert lassen sich damit [mindestens] drei Entwicklungsrichtungen festhalten:

1. Die großen, international operierenden Softwarehäuser mit einer Fülle an Produkten auch außerhalb von HR-Lösungen haben viele spezialisierte „Nischen-Player" nach und nach verdrängt.

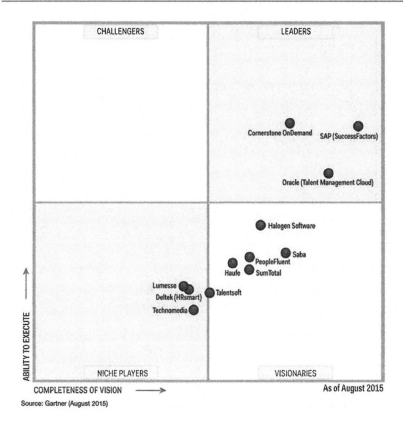

Abb. 2.3 Anbieter-Übersicht Stand 2015. (http://www.gartner.com/technology/reprints. do?id=1-1VEZY7K&ct=140.612&st=sb [mittlerweile nicht mehr abrufbar])

2. Die – vor Jahren noch höchst emotional geführte – Debatte, ob so sensible Daten wie Potenzialeinschätzung in einer Anbieter-betriebenen *Cloud* abgelegt werden können, kann mittlerweile als ausdiskutiert gelten: Zum einen ermöglichen Server-Positionierungen außerhalb der USA europäischen Anbietern hinreichende Datenkontrolle. Zum anderen verdrängen die *„Software-as-a-Service"*-, kurz „SaaS-Lösungen" die vorherigen „on-premise" Anbieter, sodass sie kaum mehr Alternativen wahrgenommen werden.

3. Hinter dieser zunächst einmal rein technologischen Entwicklung verbirgt sich eine echte Umwälzung für die HR Praxis: *„Process follows software!"* – so lautet die (zumeist unausgesprochene) Losung in den diversen (Groß-) Konzernen. In der Vergangenheit basierte das Selbstverständnis vieler

Abb. 2.4 Anbieter-Übersicht Stand 2017. (https://www.google.de/search?q=gartner+mag ic+quadrant+2017+talent+management&client=firefox-b&dcr=0&source=lnms&tbm=is ch&sa=X&ved=0ahUKEwj1uMitnMjWAhXJtxQKHaNACvsQ_AUICygC&biw=455&bi h=220#imgrc=xLprYjpOCPecYM)

Personaler – gerade in den Konzernstäben – darin, bestmöglich auf das jeweilige Unternehmen passende HR-Prozesse zu etablieren. Auch wenn die Grundidee beispielsweise einer Leistungs- und Potenzialeinschätzung firmenübergreifend als vergleichbar gelten kann, resultierten daraus auf Detailebene doch spezifische Unterscheidungsmerkmale, deren jeweilige Bedeutung zuvor oft leidenschaftlich herausgestellt worden war. Eine tiefer gehende Betrachtung der modernen HR-Servicelösungen, insbesondere *Cloud*-basiert, macht hingegen deutlich, dass (oft entgegen anderslautender

Aussagen im Vorfeld) die Möglichkeiten für eine unternehmensspezifische Anpassung (sog. *„customizing"*) eher überschaubar sind. Damit werden zunehmend für die HR-Arbeit Prozesse von außen vorgegeben, die ein Unternehmens- und Industrie-übergreifendes *„best-practice"*-Verständnis aus Sicht der Software-Anbieter widerspiegeln, beispielsweise für die Zielvereinbarungen. Ob tatsächlich gewollt oder mehr oder weniger „zähneknirschend" hingenommen, aktuell wird der Gestaltungsspielraum der Personalabteilungen zunehmend beschnitten und in eine immer konformer werdende Prozess-Landschaft überführt, verbunden mit ganz offensichtlichen Vor- und Nachteilen.

▶   **Handlungsempfehlung für den Talent Master** Die Entscheidung für eine HR-Software für das Talent Management stellt eine strategische Weichenstellung dar, die nur wohlbedacht zum Ziel führt. Trotz erheblicher Fortschritte und Weiterentwicklungen lassen auch die heutigen Softwarelösungen oft noch viele Wünsche offen. Gerade die eingeschränkten Anpassungsmöglichkeiten erfordern einen ausgeprägten Pragmatismus samt der Bereitschaft „Heilige Kühe" bei den HR-Prozessen zu opfern, um das System rasch einsetzen zu können.

2.4   Checkpoint: Besitzt die Organisation über Richtlinien, wie transparent Talent-Daten gehandhabt werden?

Sobald beim elektronischen Talent Management eine unternehmensweite Plattform realisiert wurde und spätestens, wenn Mitarbeiter und Führungskräfte selbst durch ESS und MSS an der Handhabung beteiligt sind, stellt sich die Frage nach der Transparenz der Talent Daten: Wer darf was lesen, wer darf (bzw. muss) schreiben: Mitarbeiter? Vorgesetzter? Auch der „Chef-Chef", als der nächst-höhere Vorgesetzte? Personalabteilung? Und wer genau? Dort jeder Praktikant? Oder nur ausgewählte HR-Business-Partner?

Am Anfang dieser Diskussion werden sich die meisten Organisationen nach innen und außen vollmundig größtmögliche Offenheit auf die Fahnen schreiben. Doch solche gut meinenden Absichtserklärungen werden aber bei Licht betrachtet rasch Schatten werfen: Soll Mitarbeitern tatsächlich kommuniziert werden, welche Potenzialaussage über sie registriert wurde, auch wenn keine weiteren Beförderungen mehr zu erwarten sind? Sollen Nachfolgepläne öffentlich gemacht werden? Dürfen die Top-Führungskräfte alles sehen oder soll auch ihr Datenzugriff beschränkt werden? Bei global agierenden Organisationen werden dazu auch interkulturelle Unterschiede deutlich werden: Was deutschen oder französischen Arbeitnehmervertretern nur „recht und billig" erscheint, mag in den USA oder anderenorts völlig anders beurteilt werden. Und so münden solche Fragen rasch in ausgesprochen emotionale Debatten, für die es keine „falschen" und „richtigen" Lösungen gibt. Damit bewegt sich die Diskussion allein im Rahmen offenkundiger Dilemmata, bei denen Vor- und Nachteile gewissenhaft abgewogen und regelmäßig die „am wenigsten schlechte" Lösung präferiert und vor allem auch gemeinschaftlich getragen werden muss.

▶ **Handlungsempfehlung für den Talent Master** Beachten Sie sich von Anfang an die Notwendigkeit von „Spielregeln" zur Transparenz Ihrer Talent-Daten? Stellen Sie sich dabei auf intensive und kontroverse Diskussionen ein und verständigen Sie sich am Ende auf eine – von allen Beteiligten getragene – Kompromisslösung.

2.5 Checkpoint: Steigern Sie die Objektivität der Talent Erkennung

Wie schon durch den zweiten Checkpoint dargestellt, hängt ein wirksames Talent Management maßgeblich von der Verfügbarkeit der dahinter liegenden Datenquellen ab. Doch geht es dabei lange nicht nur um funktionierende Eingabemasken und die Bedienungsfreundlichkeit der dahinter liegenden Prozesse bei den Self-Services. Mindestens ebenso relevant ist auch die inhaltliche Qualität der Talent Daten *(„Garbage in, garbage out")*. Ausgangspunkt ist dabei meist die jeweilige Vorgesetzten-Einschätzung, der damit eine zentrale Bedeutung zukommt. Denn schließlich ist in den meisten Organisationen zunächst einmal der jeweilige Chef gefragt, seine eigenen Mitarbeiter, die *„direct reports"*, zu beurteilen. Doch die Erfahrung lehrt, dass dies schon rückblickend bei der Leistungsbeurteilung nicht leicht fällt, auch wenn in aufwendigen Prozessen im Vorfeld Ziele(-reichungs-)grade) bis hin zu vollständigen *„Balance Scorecards"* vereinbart wurden. Denn in der Praxis wird regelmäßig gleichermaßen beobachtet wie beklagt, dass hierbei nur unzureichend differenziert wird und mittlere bis milde Bewertungen dominieren.

Noch problematischer wird der „Blick in die Glaskugel" im Rahmen der sog. „Potenzialbeurteilung". Hiermit tun sich viele Vorgesetzte ausgesprochen oder hinter „vorgehaltener Hand" besonders schwer. Und gerade bei den – in der Praxis eher seltenen – Extrembeurteilungen wie „besonders vielversprechend, klarer Vorstandsnachwuchs!" mögen dann andere Kollegen leidenschaftlich widersprechen („reiner Blender, nichts dahinter!"). Unter solchen Debatten leidet dann die Glaubwürdigkeit des Vorgesetztenurteils ganz erheblich. Welche Gegenmaßnahmen bieten sich dann an dieser Stelle an? Viele mäßig wirksame Ratschläge und nur eine klare Empfehlung: Zum einen sollten die Vorgesetzten systematisch in ihrer Führungsfunktion unterstützt werden durch die üblichen Maßnahmen wie Beurteilung-Leitfäden/-Checklisten, Training und Feedback. Eine weitere Möglichkeit stellen die zumeist von externen Dienstleistern angebotenen Tools dar. Diese umfassen Instrumente wie Assessment oder OrientierungsCenter, 360°-Feedback oder auch psychologische Testverfahren.

Allein schon wegen des Aufwands können solche Aktivitäten für den einzelnen Mitarbeiter aber als „seltene Ereignisse" gelten, die wenige Male während des Berufslebens praktiziert werden. Doch als „flächendeckende Vorgehen" werden solche Aktivitäten rasch an ihre Grenzen stoßen. Somit bleibt der Quervergleich der zentrale Zugang, um die Objektivität von Vorgesetzten-Einschätzungen zu steigern. Dazu zählt als erster Schritt ein sog. *„Benchmarking"*, mit dem das Anspruchsniveau verschiedener Vorgesetzter gesammelt und gegenübergestellt wird. Der faktisch erzwungene Vergleich mit anderen in Form einer vorgegebenen Leistungsverteilung *(„forced distribution")* hat allerdings in vielen Fällen zu offensichtlichen Spannungen bis hin zu unverhohlener Ablehnung im Unternehmen geführt.

Doch erheblich relevanter neben solchen eher technischen Elementen ist der direkte Diskurs von verschiedenen Führungskräften miteinander. Dieser sollte dann im professionellen, sprich strukturierten und geschützten Rahmen erfolgen, in sog. *„Talent-Boards"*. Vergleichbar mit den „Lehrerkonferenzen" vergangener Schultage werden die Vorgesetzten-Noten und Beobachtungen erst untereinander besprochen, bevor sie final bewertet und dem Mitarbeiter kommuniziert werden. Solche „Personalkonferenzen" – oder wie auch immer sie in der Organisation genannt werden mögen – stellen dann ein zentrales Werkzeug im Rahmen des Talent Managements dar, für das besondere „Spielregeln" gelten sollten (s. Tab. 2.1):

▶ **Handlungsempfehlung für den Talent Master** Unterstützen Sie Ihre Führungskräfte bestmöglich bei der unvermeidlichen Beurteilung ihrer Mitarbeiter. Motivieren Sie zu differenzierenden Urteilen durch die Kombination von quantitativen und qualitativen Aussagen.

Substanzielle Fortschritte ermöglicht dabei [nur] der Quervergleich von Vorgesetzten-Beurteilungen. Institutionalisieren Sie diese in Form von Talent Konferenzen, auf denen entlang von festgelegten Spielregeln offen und zielführend über die Mitarbeiter/Talente gesprochen werden kann. Idealerweise sollten Personalentscheidungen auch nur dort im Plenum gefällt werden!

Tab. 2.1 „Spielregeln" für Personalkonferenzen/„Talent Boards"

1.	Es werden nur relevante Teilnehmer (= Entscheider) und möglichst wenige Gäste eingeladen
2.	Auch bei möglichen Absagen einzelner kommt ein entschlussfähiges Gremium zusammen
3.	Entscheidungen und Verantwortlichkeiten, insbesondere Aktionspunkte, werden im Protokoll dokumentiert und in der Folge-Konferenz nachgehalten
4.	Entscheidungen werden zum Wohle des Unternehmens getroffen, Partikularinteresse haben hintenan zu stehen
5.	Es gibt keine „objektive Wahrheit", unterschiedliche Wahrnehmungen sind nicht nur möglich, sondern ausdrücklich erwünscht
6.	Alle Konferenzteilnehmer leisten ihren individuellen Beitrag, eine Dominanz einzelner ist zu vermeiden
7.	Alle Aussagen über andere sollten möglichst mit Verhaltensbeispielen untermauert werden – Vermutungen und Spekulationen über mögliche Hintergründe sind zu vermeiden
8.	Vertraulichkeit nach außen: Was im Raum gesagt wurde, verbleibt auch dort!
9.	Persönliche Freund- und Feindschaften haben keinen Platz!
10.	Alle „Spielregeln" werden im Vorfeld von den Teilnehmern akzeptiert

2.6 Checkpoint: Wie ist das Verhältnis zwischen Diagnostik- und Entwicklungsaufwänden?

Naturgemäß stellt eine zuverlässige Talent-Erkennung und -Beschreibung einen unverzichtbaren Bestandteil eines funktionierenden Talent Managements dar und wird von vielen Organisationen auch bereitwillig angegangen. Als unerwünschte Nebenwirkung stellt sich dann allerdings in der Praxis oft heraus, dass bei viele Personalaktivitäten „nur" noch das Thema „Diagnostik" im Mittelpunkt steht. Denn dadurch wird ein wesentlicher Teil der zur Verfügung stehenden Zeit- und Geld-Budgets gebunden. Doch das Identifizieren und „Markieren" der sog. *„High Potentials"* kann nur den Anfang für eine zielführende Entwicklung sein, die ebenfalls mit Ressourcenaufwand verbunden ist. Dabei tauchen dann rasch weitere Fragen auf: Müssen alle *„High Potentials"* durch gemeinsame Führungskräfte-Curricula laufen oder sollen individuelle Maßnahmen wie zum Beispiel ‚Coaching' bevorzugt werden? Sollen für bestimmte Personalentscheidungen festdefinierte Kriterien berücksichtigt werden, um eine bestimmte Hierarchiestufe zu erreichen, beispielsweise die

„2+2+2-Regel" (=mindestens zwei Länder, zwei Funktionen, zwei Geschäfts-
bereiche)? Soll erst ein formelles Assessment mit „Führerschein-Charakter"
bestanden worden sein, bevor eine bestimmte (Personal-)Verantwortung
übertragen wird?

▶ **Handlungsempfehlung für den Talent Master** Legen Sie von Beginn
Ihrer Talent Management Aktivitäten an Wert auf eine angemessene
Balance zwischen Talent Management Aktivitäten für rein diagnosti-
sche Zwecke und für die anschließende Personalentwicklung. Schließlich werden rasch Erwartungen geweckt, denen es auch gerecht zu
werden gilt, sonst erweist sich rasch das gesamte Unterfangen als
Fehlschlag.

2.7 Checkpoint: Welche Talent Management-Prozesse sollen implementiert werden?

Fachleute werden bereitwillig bestätigen, dass die Grenzen zwischen zeitgemä-
ßem Talent Management und herkömmlicher Personalentwicklung ausgesprochen
fließend sind, beide Inhalte gehen unmittelbar ineinander über. Somit steht – auch
entlang des eingangs vorgestellten Modells (insbesondere zu Punkt 4. und 6.) –
außer Frage, dass ein wesentlicher Teil für ein wirksames Talent Management in
der Durchführung von Personalentwicklungsmaßnahmen liegt. Dabei wird heutzutage oftmals die sog. „70-20-10"-Regel herausgestellt, erstmals beschrieben bei
Lombardo und Eichinger (1996, schematisch dargestellt in Abb. 2.5).
Auch wenn der wissenschaftlich-empirische Hintergrund dieses Modells
zuweilen kritisch betrachtet wird, gibt es gleichwohl genügend Grund zur
Annahme, dass der mit Abstand größte Erfolg durch „Erfahrungslernen *on-the-
job*" zu erwarten ist, verstanden als echtes *‚Job enrichment'* statt reinem *‚Job
enlargement'*. 20 % der Wirkung lassen sich durch „informelles Lernen" wie
Coaching oder Mentoring erzielen und nur die verbleibenden 10 % werden durch
konventionelle Schulungsmethoden wie „Klassenraumtraining" erzielt. So bieten
sich für eine zeitgemäße Personalentwicklung im Rahmen des Talent Managements insbesondere an:

- Projektmitarbeit/-leitung, auch interdisziplinär, ggf. international
- Job rotation, z. B. mit Wechsel in eine Zentralfunktion und Nähe zur
  Geschäftsführung oder in Linienfunktion mit Ergebnisverantwortung, ggf.
  Mitarbeiterführung/disziplinarische Personalverantwortung

Abb. 2.5 70-20-10-Modell. (http://images.globalenglish.com/files/2_awardWinning_702.010_large10-2.png, Abruf 05.07.2016)

- Entwicklung am Arbeitsplatz: Aufgaben, Lernmöglichkeiten Austausch, Kompetenzen stärken
- Förderkreise, die in Entwicklungsprogrammen zusammengefasst werden, oft in Kooperation mit Universitäten oder Business-Schools
- Feedbackinstrumente zur Standortbestimmung, z. B. 360°-Feedback
- Gezielte, systematische Fortbildung durch Training, Workshops etc.

▶ **Handlungsempfehlung für den Talent Master** Kommunizieren Sie die 70-20-10 Regel in die Organisation und betonen Sie die Bedeutung von *on-the-job*-Maßnahmen im Kontrast zum konventionellen Klassenraumtraining. Kontrollieren Sie die Ressourcenverteilung und beschneiden Sie „alte Zöpfe" konventioneller, wenig wirksamer Schulungsaktivitäten.

2.8 Checkpoint: Wie kann die Organisation die Mitarbeiter in deren Karriere-Entwicklung einbeziehen?

Jedes Talent Management Konzept dient neben dem Wohle des Unternehmens auch und insbesondere dem einzelnen Mitarbeiter – und dürfte von daher vergleichsweise rasch die Zustimmung vonseiten der Arbeitnehmervertretung (z. B. durch den Betriebs- oder Personalrat) erfahren. Doch diesen „guten Geist" dem einzelnen Mitarbeiter zu vermitteln, mag in der Praxis keine ganz einfache Aufgabe darstellen. Auch abhängig von der im vierten Checkpoint angesprochenen Transparenz der Talent Daten kann sich der Arbeitnehmer oftmals seiner Linie subjektiv „ausgeliefert" fühlen, zum Beispiel, wenn Kolleg(inn)en offensichtlich zu einem Führungskräftetraining entsandt werden, er oder sie aber nicht.

Um solchen unerwünschten Wahrnehmungen entgegen zu wirken, ist es wichtig, den Mitarbeiter aktiv und frühzeitig mit einzubeziehen. Wenn er sich eigenverantwortlich – beispielsweise zu einem Development Center – anmelden kann, wird auch die allgemeine Bereitschaft zur Zusammenarbeit steigern. Ähnliches gilt für die Möglichkeit, sich über den sog. „internen Stellenmarkt" auf frei werdende Stellen zu bewerben, bevor diese von außen besetzt werden.

▶ **Handlungsempfehlung für den Talent Master** Vermeiden Sie von Beginn an den Eindruck, Talent Management sei eine reine „Top-Down"-Angelegenheit. Suchen Sie aktiv nach Möglichkeiten, auch den einzelnen Mitarbeiter anzusprechen und in die Eigenverantwortung zu nehmen. Selbstnominierung zu Aktivitäten wie Development Centern oder Eigenbewerbungen auf offene Stellen können als konkrete Beispiele dienen.

2.9 Checkpoint: Wie können Sie die Vorgesetzten motivieren, ihre Mitarbeiter ernsthaft zu entwickeln = gute Mitarbeiter in andere Abteilungen wechseln zu lassen?

Hinter diesem sensiblen Punkt verbirgt sich eine ausgesprochen menschliche, dabei aber auch überaus relevante Erfahrung: Bewusst – manchmal aber auch nur unbewusst – zögern viele Vorgesetzte, besonders vielversprechende Mitarbeiter außerhalb der eigenen Abteilung sichtbar werden zu lassen. Denn zum einen mag die eigene „Gloria" dadurch Schaden nehmen, zum anderen steigt die Sorge, einen dringend benötigten Leistungsträger zu verlieren. Diesen menschlich verständlichen Bedenken kann aus Sicht der psychologischen Lerntheorie nur mit den zwei zentralen Werkzeugen begegnet werden, nämlich durch „Zuckerbrot und Peitsche":

Zum einen gilt es, eine Art „Eltern-Attitüde" im Sinne von *„Meinen Kindern soll es einmal besser gehen…"* zu kultivieren, um an den besonderen Aspekt der „Personal*verantwortung*" zu appellieren. Damit sollen Vorgesetzte unterstützt und motiviert werden, besonders vielversprechende Mitarbeiter in andere Abteilungen „ziehen zu lassen". Dies kann dann durch geeignete Anreize wie Boni und andere Belohnungen unterstützt werden.

Doch da ein solches Vorgehen voraussichtlich nicht ausreichen wird, gilt es auch, sichtbare Zeichen zu setzen, mit denen unzureichendes Führungsverhalten zurückgespiegelt und korrigiert wird. Dies kann darin bestehen, dass festgelegte

Ziele für Mitarbeiter-Rotationen gesetzt und auch nachgehalten werden, u. a. im Rahmen der jährlichen Zielvereinbarungssystematik. Letztlich steht und fällt die sog. „Vorgesetzten-Incentivierung" aber mit dem aktiven „Vorleben" des Grundgedankens durch das Top-Management („*walk the talk*"). Denn ohne glaubwürdiges Einverständnis und aktive Mitwirkung vonseiten der Geschäftsführung dürfte ein funktionierendes Talent Management nur schwerlich umzusetzen sein.

▶ **Handlungsempfehlung für den Talent Master** „Erziehen" Sie Ihre Führungskräfte im Sinne eines funktionierenden Talent Managements: Loben und verstärken Sie sichtbar „selbstlose" Querversetzungen! Sanktionieren Sie andererseits eigennütziges Festhalten an Leistungsträgern und fordern Sie beides auch von der Geschäftsführung ein!

2.10 Checkpoint: Wie gewährleisten Sie die Qualität/ Nachhaltigkeit Ihrer Aktivitäten und über welche Kommunikationskanäle wird Ihre Organisation über das Talent Management informiert?

Vermutlich dürften mittlerweile alle DAX-Vorstände bestätigen, dass Talent Management einen wesentlichen Erfolgsfaktor für die weitere Entwicklung jeder [größeren] Organisation darstellt. Ehrlicherweise werden aber auch etliche unter ihnen einräumen, dass es sich dabei um ein ambitioniertes und langwieriges Unterfangen handelt, das oftmals durch kurzfristige Business-Prioritäten überlagert wird. Natürlich gilt es, zu Beginn die „Aufbruchsstimmung mit Anfangseuphorie" zu nutzen. Gleichwohl sollte jede Talent Management-Konzeption im Kern den Charakter eines „Marathon-Laufes" und weniger eines „100-m-Sprints" tragen. Wie oft im Leben ist auch hier rasch „weniger mehr": Es lohnt, sich auf zentrale Prozesse zu beschränken und andere – vielleicht schweren Herzens – zunächst auszuklammern. Anstelle die berühmten „dicken Bretter zu bohren" und ambitionierte Unterfangen wie die Unterscheidung in „Fach- vs. Führungslaufbahn" zu starten, mögen kurzfristigere Elemente und rasche Erfolge mehr von Vorteil sein. Gerade das Mitarbeitergespräch im Rahmen des „*Performance Managements*" – mit oder ohne formalisierte Zielvereinbarungen – kann einen zentralen Zugang darstellen, um nachfolgende Prozesse darin zu integrieren. Auch dürfte über einen planenden = behutsamen, aber auch konsequenten Umgang mit der Talent Software eine Menge Wirkung in der Organisation erzielt werden [können].

Neben der Qualität der IT-Lösung dürfte auch die begleitende Kommunikation von entscheidender Bedeutung für den Projekterfolg sein. Dabei sollte sich bewusst nicht nur auf ‚reaktive' Medien wie das Intranet beschränkt werden, sondern pro-aktiv der Dialog mit breiten Teilen der betroffenen Mitarbeiterschaft gesucht werden, um die Anzahl an „Talent Masters" gezielt zu multiplizieren.

Neben einer Vielzahl an solchen operativen Fragen sollte aber von Anfang an berücksichtigt werden, dass ein für ein gelungenes Talent Management immer auch ein Kulturwandel im Unternehmen erforderlich ist, der die entsprechende „Reifung" erst möglich macht. Dabei wird es von zentraler Bedeutung sein, das Thema von einer HR-Zuständigkeit zu einer echten Management Aufgabe zu machen, die von der Personalabteilung ebenso unterstützt wird wie von den Führungskräften und der Mitarbeiterschaft.

▶   **Handlungsempfehlung für den Talent Master** Beachten Sie bei der Einführung Ihres Talent Managements die Grundlagen des Projekt Managements: Stellen Sie sich auf einen langen und mühsamen Weg ein, bei dem die Anfangseuphorie durch Rückschläge und geänderte Prioritäten im Tagesgeschäft unterminiert werden kann. Gewährleisten Sie eine intensive Kommunikation, insbesondere durch engagierte „Talent Master" als „Change Agents, nicht nur innerhalb der Personalabteilung, sondern auch im Linienmanagement bis hin zu den Top-Entscheidungsträgern.

Ergänzungsstudie: „Ab in die Wolken!" – Das Talent Management der Zukunft

3

Unter der Überschrift „Weniger Technik, mehr Integration" hatte die Hochschule Fresenius eine Studie zur elektronischen Realisierung der Talent Management Prozesse vorgestellt (Stulle et al. 2013). Darin wurde konstatiert, dass die größte Herausforderung die Integration der verschiedenen Prozessbestandteile wie Performance-, Learning- und Vergütungs-Management ist. Um den weiteren Verlauf dieses aktuellen Themas zu dokumentieren, wurde eine Interview-basierte Folgeuntersuchung durchgeführt, deren Ergebnisse hier zusammengefasst vorgestellt werden. Dazu wurden bei der hier vorgestellten Untersuchung eine Reihe an Konzernen und erstmals auch Beratungen[1] kontaktiert. Auch wenn aus den resultierenden Gesprächen kein Anspruch auf Vollständigkeit oder Repräsentativität abgeleitet werden kann, lassen sich doch verschiedene Tendenzen erkennen, die für ein breiteres Fachpublikum von Interesse sind:

Frage 1

„Was verstehen Sie bzw. was versteht Ihr Unternehmen unter dem Begriff „Talent Management"?"

Eine einheitliche Verwendung dieses Begriffes ist weiterhin nicht zu erkennen: Etwa die Hälfte der Befragten tendiert zu „Breiten-", die andere zu „Spitzensport". Allerdings wurde auch deutlich, dass sich die beiden Ansätze keineswegs ausschließen, sondern eher ergänzen und in der betrieblichen Praxis miteinander kombiniert werden müssen.

---

[1]Angesprochen wurden BASF, Clevis, Covestro, Deutsche Post, E.ON, Evonik, Gea, Henkel, Lumesse, Metro, Promerit, RWE, Siemens, Thyssen Krupp, Zeiss.

© Springer Fachmedien Wiesbaden GmbH, ein Teil von Springer Nature 2018
K. P. Stulle, *Goldene Regeln für das Talent Management,* essentials,
https://doi.org/10.1007/978-3-658-20915-5_3

Frage 2

„Wie wird sich die Bedeutung des Talent Managements in den nächsten fünf Jahren verändern"?

Schon die Vorgängerstudie hatte eindrucksvoll belegt, dass die Bedeutung des Talent Managements in Zukunft weiter zunehmen wird. Dieser Trend wurde auch hier vollständig unterstrichen: Alle Befragten sind sich sicher, dass die Relevanz nicht nur im eigenen Unternehmen, sondern auch in der Industrie allgemein steigen wird. Dies liegt zum einen an den gerade in den letzten Jahren verbesserten technischen Möglichkeiten. Zum anderen wird aber auch eine veränderte Management-Priorität beobachtet, sodass zunehmend nicht mehr nur die Personalabteilung, sondern namentlich die Geschäftsführung und Führungskräfte die wahren „Talent Master" darstellen. Diese Entwicklung wird unterstrichen durch den viel diskutierten demografischen Wandel, der auch in Bezug auf internationales Recruiting neue Ansprüche stellt.

Frage 3

„Welche Bestandteile umfasst das Talent Management aktuell in Ihrem Unternehmen? Welche neuen Bestandteile sollen in den nächsten fünf Jahren hinzustoßen?"

Wie schon im zu Beginn eingeführten Modell beschrieben, setzt sich das resultierende Talent Management zusammen aus einer Reihe von Einzelprozessen wie Performance-, Vergütungs-, Trainings-, Skill- und Kompetenzmanagement-Management, Mitarbeitergespräche, Recruiting bzw. Talent Akquisition, Potenzialanalyse sowie Nachfolge- und Laufbahnplanung. Eine Vorreiterrolle hat nach wie vor das Performance-Management, oft kombiniert mit Zielvereinbarungen und Bonuselementen. Dieser Prozess kann oft für sich den größten „Reifegrad" in Anspruch nehmen.

Frage 4

„Welcher Software-Anbieter wird momentan von Ihrer Firma verwendet? Wie zufrieden sind Sie damit? Wird in Zukunft eine neue Software hinzugezogen oder wechseln Sie womöglich komplett den Anbieter?"

Diesem Punkt kann verständlicherweise besondere Sensibilität zugeschrieben werden, weil er ja mit Investitionsentscheidungen im sechs- bis siebenstelligen Euro-Volumen verbunden ist. Bei der aktuellen Umfrage setzt sich dabei unübersehbar ein Trend fort, der schon seit einigen Jahren eingeleitet wurde: Spezialanbieter für

Talent Management wie „Lumesse" mit dem Produkt „ETWeb" oder Haufe/Umantis haben mehr und mehr Probleme damit, sich gegenüber der Konkurrenz der Datenbank-Branchengrößen durchzusetzen. Während die U.S.-basierten Giganten wie Oracle sich traditionell mit dem deutschen Markt noch etwas schwer tun, ist es dem Walldorfer Konkurrenten SAP zunehmend gelungen, weitere Marktanteile im Personalmanagement zu erlangen. Der entscheidende Durchbruch dürfte durch die Akquisition des vorherigen Spezialisten „Success Factors" gelungen sein. Dieser bietet seit Anfang an nur eine konsequente *„Software-as-a-Service"*-, kurz „SaaS-Lösung" an. Zweifellos handelt es sich bei diesem Trend um einen schleichenden Übergang, da in allen befragten Unternehmen das laufende (Personal-)Geschäft fortgeführt werden muss. Anbieterwechsel und Datenmigration sind dann ausgesprochen undankbare Aufgaben. Daher werden zuweilen nur einzelne Bestandteile der gesamten Suite ausgetauscht oder noch eine Weile fortgeführt, bis umfassender Ersatz vollständig implementiert wurde.

Befragt nach der Zufriedenheit mit der jeweiligen Software-Lösung zeichnete sich hier wie in der Vorgängerstudie ein mäßig wohlwollendes Bild ab: Je komplexer die jeweilige Software-Lösung im sog. „Standard" bereits angelegt ist, umso schwerer tun sich die Anbieter mit speziellen Kundenwünschen, die über bereits vorgesehene Anpassungen, wie zum Beispiel das Einbinden des Firmenlogos *(„customizing")*, hinaus gehen. Damit verbunden sind auch regelmäßige Klagen über die Handhabung der vorgegebenen Software *(„usability")*, die als noch nicht vollends ausgereift beurteilt wird. Hinzu kommen Probleme mit Sprachversionen und Flexibilität, was lokale Anforderungen und Gesetze betrifft.

Frage 5

„Wo liegen in Ihren Augen die besonderen Herausforderungen im Rahmen des Talent Managements? Wird aufgrund dieser Erfahrungen möglicherweise in Zukunft etwas an der strategischen Ausrichtung des TM geändert?"

Analog zur Vorgänger-Studie bestätigte sich als weiterhin größte Herausforderung die Integration der Daten, die aus ganz unterschiedlichen Prozessen in ein übergreifendes System münden sollen. Eine solche Entwicklung dürfte aber durch zunehmend umfassende, integrierte Systemlösungen Schritt-für-Schritt gemildert werden können. Diese werden mittlerweile auch als recht stabil und zuverlässig angesehen. Wenn es in der Praxis dann doch noch zu Schwierigkeiten kommt, liegt dies zumeist an unvollständig umgesetzten Änderungswünschen und falscher Handhabung beim Kunden, weniger an der Ursprungssoftware selbst.

Frage 6

„Nutzt Ihr Unternehmen eine Cloud-Lösung? Wenn nein, warum nicht? Wenn ja, wie gehen Sie mit dem Thema Datenschutz und -sicherheit um?"

Zweifelsohne sind die Namen der Konzern-„High-Potentials" noch sensiblere und schützenswertere Dokumente als Gehaltslisten oder Marketing-Konzepte. Und so konnte bis vor wenigen Jahren der Eindruck entstehen, dass sich die Personalleiter-Lobby als der wahre „Gralshüter der Datensicherheit" durchsetzen könne. Doch mittlerweile mutet es so an, als ob diese Schlacht geschlagen und der Widerstand gegen sog. „Cloud-Lösungen" mit Server-Hosting außerhalb des Unternehmens klammheimlich zusammen gebrochen sei. Dies liegt zum einen darin begründet, dass sich die Anbieter kompromissbereit gezeigt haben und ihre Systeme von Europa- auf besonderen Wunsch entgegen üblichen Aussagen sogar vom unternehmenseigenen Rechenzentrum – aus verwalten. Damit sind die ursprünglichen Vorbehalte bezüglich Datensicherheit zwar keineswegs ausgeräumt, sondern werden weiterhin regelmäßig und kritisch überprüft. Doch bewegt sich die – vor Jahren noch verpönte – Cloud-Lösung zunehmend zur „alternativlosen" Standardlösung, welche Eigenentwicklungen auf Unternehmensservern mehr und mehr vollständig und konsequent ersetzt.

Frage 7

„Wie ist der Status-Quo in Ihrem Unternehmen bei der Einführung von „Employee Self Service" und „Manager Self Service"?"

Die „Gründerzeit" des elektronischen Talent Managements war geprägt von HR-Datenbank-Systemen, die ausschließlich wenigen, geschulten und vertrauenswürdigen Personalern zur Verfügung standen. Dies aber hatte zur Folge, dass viele besonders relevante Daten in mühsamer Kleinarbeit, dazu noch nach dem „Stille-Post-Prinzip" eingesammelt werden mussten: Beispielsweise, wenn der HRler einzupflegen hatte, was die Führungskraft in Erinnerung hatte bezüglich der Entwicklungswünsche, die vom Mitarbeiter im Vier-Augen-Jahresgespräch geäußert worden waren. Verständlicherweise gilt eine solche Vorgehensweise mittlerweile als nicht mehr zeitgemäß und wird durch die sog. *„Employee"* und *„Manager Self Services"* (ESS & MSS) ersetzt. Die zum Beispiel im Dialog zwischen Führungskraft und Mitarbeiter gesammelten Daten tauchen dann direkt – zum Teil in reduzierter Form – im Mitarbeiter-Datenblatt auf. Dort gibt es aber regelmäßig auch bestimmte Felder, die nur den Linienvorgesetzten und der Personalabteilung zugänglich sind, nicht aber dem Mitarbeiter selbst, zum Beispiel bezüglich seiner Potenzialeinschätzung oder Nachfolgeplanung.

Die Antworten auf die diesbezügliche Frage machen deutlich, dass ESS und
MSS mittlerweile zum Standard vieler diesbezüglichen Softwarelösungen gehö-
ren, sozusagen eine Art „commodity" darstellen. Allerdings stellt diese Funktio-
nalität weiterhin einen erheblichen Kostentreiber dar und wird an einigen Stellen
noch behutsam realisiert, zum Beispiel, indem bei einer begrenzten Zielgruppe
beim Talent Management auf den ESS verzichtet wird.

Frage 8

„Praktiziert Ihr Unternehmen Personalkonferenzen, Talent Reviews oder ähnliche Kalibrierungsrunden?"

Vergleichbar mit der „Lehrerkonferenz vor Zeugnisvergabe" zu Schulzeiten sind
auch im Business solche Management-Runden mittlerweile weit verbreitet. Doch
danach hört die Gemeinsamkeit oft auf und es zeigt sich eine echte Fülle an ähn-
lichen, aber im Detail doch abweichenden Vorgehensweisen: Einige Unternehmen praktizieren nur eine übergreifende Runde, in der die Themen „Leistung
samt Bonus/Gehaltserhöhung" und „Potenzial samt Nachfolgeplanung" zusammen diskutiert werden. Dieses Vorgehen findet zumeist bei den beteiligten Führungskräften Gefallen, weil es als besonders pragmatisch und effektiv angesehen
wird. Top-Management und Personalabteilung hingegen plädieren ihrerseits oftmals für getrennte Diskussionsrunden, unter anderem auch, weil je nach Frage-
stellung andere Führungskräfte beteiligt sein sollten. Ferner wird die Reihenfolge
der Konferenzen unterschiedlich gehandhabt, wobei idealerweise die „harten"
Leistungs- und Vergütungsthemen vor den „weicheren", weil zukunftsgerichteten
Potenzialfragen beraten werden sollten. Auch die Taktung kann variieren: Üblicher-
weise (mindestens) jährlich, Potenzialrunden finden aber auch seltener statt. Standard ist meist der vertrauliche Charakter einer „Klausurtagung". Allerdings legen
besonders innovative Unternehmen Wert darauf, dass der betroffene Mitarbeiter
bezüglich der eigenen Entwicklung vor Ort selbst zu Wort kommt. Auch Fragen
nach der Vielfalt innerhalb der Mitarbeiterstruktur („Diversity") rücken zunehmend
in den Vordergrund und werden mehr als in der Vergangenheit diskutiert.

In ungezählten Executive-MBAs und anderen Lehrveranstaltungen wird dem
Management-Nachwuchs die Reihenfolge: „Personalstrategie folgt Unternehmensstrategie" und „Talentstrategie folgt Personalstrategie" beigebracht. Doch
der unübersehbare Trend zu den Cloud-basierten „Best-Practice-Lösungen" stellt
dieses Dogma zunehmend infrage. Vielmehr deutet sich eine ganz andere Ent-
wicklungsrichtung an: Die verschiedenen Talent Management-Prozesse werden
als verknüpftes Standard-Personalmanagement verstanden. Unabhängig von der

ursprünglich – oft in jahrelanger, mühevoller Konzeptionsarbeit entwickelten – unternehmensspezifischen Lösung sollen Mitarbeiter-Gespräche, Bonus-Kalibrierung oder Trainingsmanagement vielmehr als Routine-Prozesse praktiziert werden. Auch wenn sich die zuständigen HR-Experten bis hin zum Top-Management in der Vergangenheit leidenschaftlich – mit jeweils guten Gründen – für eine Lösung entlang der eigenen Unternehmensphilosophie und -kultur stark gemacht haben, die Software bestimmt zunehmend die Unternehmenspraxis. Ohne eine Bewertung dessen vorzunehmen steht fest, dass diese Entwicklung in Richtung „Einheitlichkeit" und „Wolke" auch in Zukunft mit besonderer Aufmerksamkeit verfolgt werden soll.

Was Sie aus diesem *essential* mitnehmen können

- Aktuelle Forschungsergebnisse zum Stand des (elektronischen) Talent Managements
- Konkretes Handwerkzeug für Ihr eigenes Unternehmen

K. P. Stulle, *Goldene Regeln für das Talent Management,* essentials,
https://doi.org/10.1007/978-3-658-20915-5

Literatur

Berner, Winfried (2012): Culture Change – Unternehmenskultur als Wettbewerbsvorteil. Stuttgart: Schäffer-Poeschel

Lombardo, Michael M; Eichinger, Robert W (1996). The Career Architect Development Planner (1st ed.). Minneapolis: Lominger

Stulle, Klaus: 10 Goldene Regeln. Personalwirtschaft 4/2008

Stulle, Klaus: In Laske, S., Orthey, A. & Schmid, M. (Hg.): Zehn "Goldene Regeln für das Talentmanagement". PersonalEntwickeln: Das aktuelle Nachschlagewerk für Praktiker 2008. Deutscher Wirtschaftsdienst, WoltersKluwer Verlag

Stulle, Klaus, Steinweg, Svea & Cornelissen, Nils (2013): Weniger Technik, mehr Integration – Übersicht über den aktuellen Status-Quo beim Talentmanagement. Personalwirtschaft extra 6/2013, 18–20

Stulle, Klaus, Wensing, Joana, Steinweg, Svea, Cornelissen, Nils, & Braun, Claudia (2014). Mittlere Reife. Personalwirtschaft 07/2014, S. 48–50

Stulle, Klaus, Steinweg, Svea, Cornelissen, Nils & Wensing, Joana (2015): Der "Talent Management Profiler" – Ein interaktives Instrument zur Bestimmung des TM-Reifegrades von Unternehmen (125–131). In: Zukunft denken – Gegenwart gestalten. Beiträge der Wirtschaftspsychologie zur Gestaltung des 21. Jahrhunderts. Tagungsband zur 18. Fachtagung der Gesellschaft für Wirtschaftspsychologie am 07. und 08.02.2014. Lengerich: Papst Science Publishers

Stulle, Klaus, Steinweg, Svea, Cornelissen, Nils & Wensing, Joana (2017): Der "Talent Management Profiler" – Ein interaktives Instrument zur Bestimmung des TM-Reifegrades von Unternehmen (75–89). In: Elisabeth Fröhlich und Anja Karlshaus (Hg.): Personalentwicklung in der Beschaffung – Best Practices aus Theorie und Praxis. Berlin: Springer-Gabler

© Springer Fachmedien Wiesbaden GmbH, ein Teil von Springer Nature 2018   45
K. P. Stulle, *Goldene Regeln für das Talent Management,* essentials,
https://doi.org/10.1007/978-3-658-20915-5

Printed by Printforce, the Netherlands